总前言

《发展汉语》从第一版（2004—2006），到全面升级为第二版（2011—2013），已发行 200 余万册。第二版入选国家级规划教材，不仅在中国被广泛采用，也被海外许多国家选用，另有数百篇研究教材的文章和硕博论文以其为研究对象，俨然成为国际中文教育知名教材。我们感谢海内外同行的支持与认可，同时也深切感到，时代在发展，科技在进步，教学实践在深入，汉语本体和汉语二语教学的研究成果在不断增多，教材理应合理吸收；与此同时，教材本身有些理念和教法也需要更新，有些话题和课文已显陈旧，有些课文偏长偏难，有些注释和练习可换可弃。

为使教材与时俱进，亦是参照经典二语教材维护的惯常做法，我们组织了以中国人民大学为主的跨院校编写团队，以第二版为基础，制定了“扬长避短，去旧增新；适当瘦身，留有空间；有所突破，有所创新”的总编修原则，对教材进行了全面编修。第三版新编和修订几乎各占一半。新编教材融入了新理论和新方法，同时保持经过实践检验的编写理念与编写方式；修订教材保留了成熟的编写框架和有效的训练体系，同时着力对教材整体和局部进行创新设计与实施。

本版教材在充分体现汉语汉字及其作为二语教学的特点，特别是优化汉语二语技能训练的方式方法方面，做出了新的努力；在突破现有课文编选理念与编选范围，特别是突破现有初级汉语教材编写模式方面，做出了新的尝试；在突出汉语语素教学，特别是构建汉语语篇语法教学体系方面，做出了新的探索。

◎ 教材体系

《发展汉语》（第三版）采用“专项语言技能训练与综合语言能力培养相结合”的第二语言教学及教材编写模式。全套教材分为“三个层级、六个系列”，即纵向分为初、中、高三个层级，横向分为“综合、口语、听力、阅读、写作、初级读写”六个系列。其中，综合系列为主干教材，口语、听力、阅读、写作、初级读写系列为配套教材。

全套教材共 28 册 34 本，包括：初级综合（Ⅰ、Ⅱ）、初级口语（Ⅰ、Ⅱ）、初级听力（Ⅰ、Ⅱ）、初级读写（Ⅰ、Ⅱ）；中级综合（Ⅰ、Ⅱ）、中级口语（Ⅰ、Ⅱ）、中级听力（Ⅰ、Ⅱ）、中级阅读（Ⅰ、Ⅱ）、中级写作（Ⅰ、Ⅱ）；高级综合（Ⅰ、Ⅱ）、高级口语（Ⅰ、Ⅱ）、高级听力（Ⅰ、Ⅱ）、高级阅读（Ⅰ、Ⅱ）、高级写作（Ⅰ、Ⅱ）。其中，每一册听力教材均分为“文本与答案”和“练习与活动”两本。

◎ 适用对象

《发展汉语》(第三版)是一套完整的汉语二语教学体系、一个大型的汉语学习资源平台，可满足初(含零起点)、中、高各层次综合课及听力、口语、阅读、写作等课程的教学之需，可供来华学习汉语言专业的本科生，学习文科、理工、经贸、医学等专业的预科生，长短期汉语进修生教学选用，亦可供海外相关层级和需求的汉语教学选用。

◎ 编用理念

编用理念即本套教材编写和使用的指导思想，包括如下两大理念：

一是“集成、多元、创新”。集成即对语言要素、语言知识、国情知识、文化知识以及听、说、读、写四项技能的系统吸纳与整合；多元即对教学法、教学理论、教学信念、教学大纲、教学资源、训练方式和手段的兼容并包；创新即在遵循汉语作为第二语言教学规律、继承既往成熟的教学经验、汲取新的教学和教材编写研究成果的基础上，对各系列教材进行整体和局部的特色设计与实施。

二是“发展、巩固、提高”。发展意味着由少到多、由简单到复杂、由生疏到熟练、由模仿创造到自如运用。“发展汉语”寓意发展学习者的汉语知识和中国国情知识，发展学习者的汉语交际能力，发展学习者的汉语学习能力。巩固是发展的基础和保障，巩固意味着需要不断复习和强化既往所学知识和技能，正所谓熟能生巧。提高是发展和巩固的目的所在，充分的发展和扎实的基础是提高的前提和保障，而提高意味着新的发展。

◎ 编用目标

编用目标即本套教材编写和使用的目标，具体如下：

总体目标：全面发展和提高学习者的汉语语言能力、汉语交际能力、中国国情与文化认知和理解能力、汉语口语和书面语综合运用能力、汉语学习兴趣和学习能力。

具体目标：通过规范的汉语、汉字知识和相关文化知识的教学，以及科学而系统的听、说、读、写语言技能训练，全面培养和提高学习者对汉语要素(语音、汉字、词汇、语法)形式与意义的辨别和组配能力，在具体话语语境和文本语境中准确接收和输出语言信息的能力，体认中国国情和中国文化的能力，运用汉语进行适合语境和语篇特征的口语和书面语表达能力；通过教学不断强化学习者汉语学习动机和自主学习能力。

◎ 编写原则

为更好实现本套教材编用理念和编用目标，特确立如下主要编写原则：

(1)课文编选：遵循第二语言教材编写的针对性、科学性、实用性、趣味性等核心原则编选课文；注重话题和场景、题材和文体、范文和语体的多样化和丰富性，确保教材作为第一学习资源的示范性和可学性。

（2）内容编排：遵循第二语言教材编写由易到难、循序渐进、重复再现等技术原则编排教学内容；注重“语言结构、语言功能、交际情境、文化因素、国情知识、活动任务”的组配与照应，确保语言、文化及交际要素等输入均衡、合理与充分。

（3）技能训练：依据口语、听力、阅读、写作等单项技能和综合技能训练的目标和规律，凸显相关课型的特点及技能训练要求；注重听说、读说、读写、说写等语言技能的综合训练，确保“综合语言能力＋专项语言技能”训练模式优势的发挥。

（4）教学标准：综合参考并优化利用现行各类等级大纲和等级标准、汉语水平考试大纲和通用课程大纲、汉语进修大纲和汉语言专业教学大纲等资源，制定本版各系列教材语言要素、话题分布、功能意念、情景场所、交际任务、文化项目等具体编写大纲，确保教材的规范性和实用性。

◎ 实施重点

为实现本版教材的编用理念、编用目标和编写原则，实现“有所突破，有所创新”的总编修原则，编修过程中除进行其他重要实施外，重点进行了如下两项革新性实施：

（1）《初级综合（Ⅰ）》采取“语文分开”编写模式。以拼音作为汉语教学和学习的文字工具，拼音下面配有汉字，但汉字不作为教学内容，只为方便教师教学，也为学生“熟悉一下汉字”提供便利。主要理据：初级综合教材现行的“语文并进”是拼音文字二语教学的普遍模式，“语文分开”是汉语二语独有的初级汉语教学模式；更为重要的是，入门阶段的汉语教学，利用拼音教授汉语，可以扬拼音之长、避汉字之短，可以快速提高学习者的汉语能力，可以有效避免汉语教学与汉字教学难以同步的困扰。

（2）《初级读写（Ⅰ）》承担系统的汉字教学任务。按照汉字结构规则和书写规则，依次由笔画最少的独体字到笔画较多的独体字、由笔画较少的合体字到笔画较多的合体字进行教学。主要理据：《初级综合（Ⅰ）》采用了“语文分开”编写模式，用拼音教汉语，就应该有单独教授汉字的配套教材；更为重要的是，按照汉字自身规律，由易到难、循序渐进地进行汉字认读和书写教学，有利于凸显汉字的理据性和易学性，有利于学习者系统掌握汉字的构成要素、构成特点和书写规则，有利于提高汉字教学的质量和效益。

“语文分开”是中国对外汉语教学界于20世纪50年代初，基于汉语汉字的特点建构的教学模式，但先辈们对教学实践的总结却认为此模式弊多利少，转而采取了普遍适用于拼音文字的“语文并进”教学模式，从而使汉字失去了独立的教学地位，成为汉语教学的附庸。由此来看，本版所谓革新性实施，不过是把本属于汉语独有的教学模式恢复其应有的教学地位，把本应按汉字自身特点和教学规律单独进行的汉字教学落到实处。

需要说明的是，“语文并进”在中国对外汉语教学界一统天下70余年，几代教师已然习惯了这一教学模式，而对“语文分开”教学模式，即用拼音进行“语”的教学可能不太习惯。因此，特别希望年轻教师能够努力适应这种教学模式，既能熟练地用拼音拼写汉语，也能熟练地阅读（直读）拼音文本。事实上，既能用汉字教汉语，也能熟练地用拼音教汉语，是信息化时代国际中文教师必备的素养和技能。

◎ 教学信念

教学和学习信念无处不在，并深刻地影响教学和学习的效果。下面是我们“信以为真”的若干重要的教学和学习信念，希望使用本套教材的师生也能信以为真，并加以实践。

（1）语言是工具。任何工具都是在不断使用的过程中被掌握的，要把语言当作交际工具而不是知识体系来教来学，因此各种“用”的训练更为重要。语言和文化知识的教学和习得是首要和必要的，但听、说、读、写语言技能的训练和获得才是最根本的。

（2）教材是媒介。既要教和学教材的内容，也要利用教材的内容去教和学相关的内容，而不是只教、只学教材。教材不过是语言教学和学习的重要媒介和资源，而不是语言教学和学习的全部，教材之外学语言、课堂之外学语言，同样重要。

（3）备课决定成败。教师务须亲自备课、深度备课，这既是教师专业发展的重要途径，也是用好教材和上好课的前提。否则，再好的教材也无济于事。

（4）预习复习事关重大。学习者务须预习新课，最好是深度预习；务须复习旧课，最好是不断复习。预习乃“先知先觉”，自我学习；复习乃“重新学习”，温故知新。

（5）课文教学乃重中之重。课文是语言教学和学习的主体内容、核心内容，务须以各种方式使学习者学懂、真懂、全懂，并且最好熟记于心、牢记于心、脱口而出。

（6）在语境中教授和学习词语与语法。在语句、语段乃至语篇中教授和学习词语和语法，也即在语境中理解词语和语法的意思和用法，而不是孤零零地进行词语和语法教学。

（7）应用技术而不被技术所左右。关注和应用现代教育技术，努力拓展教学途径，提升教学效益，但不为技术所左右，更不为应用而应用。智慧教育的前提是教育理念智慧化，应甄别和评估技术运用的实际效果，始终不忘培养学习者语言能力这一初心和使命。

李泉

Instructions for use

使用说明

◎ 适用对象

《发展汉语（第三版）中级听力（Ⅰ）》，适合学过《发展汉语（第三版）初级听力（Ⅱ）》或与此程度相当的初级汉语教材、具备中级汉语入门水平的学习者使用。

◎ 教材目标

本教材以提高学习者听解中级汉语的能力为宗旨。具体而言，学完本教材，学习者应达到以下目标：

（1）能抓住话题熟悉的谈话或发言的主要内容和观点；

（2）能抓住具体语料中对话或交谈的主要内容和关键信息，领悟说话人的言语意图；

（3）能理解中级入门水平的陈述性、论述性话语的大意；

（4）能大致听懂话题熟悉的篇幅稍长的故事；

（5）能就常见的话题与汉语母语者进行一般性的交流。

◎ 特色追求

（1）注重选文的实用性

课文内容紧密联系现实生活，如旅游信息、微信的使用以及生活故事和社会问题等，目的是让学习者尽可能多地接触不同的生活场景及语言材料，尽量满足学习者的学习和生活需要，并为其进一步提高汉语听力能力奠定坚实的基础。

（2）注重内容编排的层次性

为确保听力教学的质量和效果，每课由任务前、任务中、任务后三部分构成。

任务前：通过“畅所欲言”板块充分热身，激活背景知识，扫除语言障碍，以提高听懂内容的比例。

任务中：通过由浅入深的练习，提示学习者使用正确的听力策略，逐渐实现对课文的理解。

任务后：深化内容，聚焦形式，既有对课内话题的讨论或课外调查，也有对本课所学语言知识的巩固练习。

（3）注重课文难易度的控制

听的内容稍纵即逝，听力理解往往难于同等级的阅读理解。为此，教材编写采取如下措施：

控制并逐步增加课文长度，控制课文生词量；

控制课文难度，对选文进行合理改编，以提高学习者听懂内容的比例。

（4）注重以策略为导向的练习

注重练习编排的科学性，注重学习者汉语语音与语义匹配、解读能力的训练。在题型选择上，力求实用、有效，重在训练学习者对汉语语音的感知和识别能力、语流切分能力以及相应的语义联想能力和语义概括能力。

◎ 使用建议

（1）本教材共 28 课，建议每课用 2 课时完成。

（2）听力教材以精听、听熟为主，直至使学习者能概括课文和练习中语段的大意，意在培养学习者的听力语感和理解能力。因此，在完成课文要求的听练、听答等练习环节的同时，教师在备课和教学过程中应根据情况设置更多的语句乃至段落的听答环节，以使学习者全听懂和真听懂。

（3）“畅所欲言”是课文话题的热身练习，希望通过这一环节，学习者能展开对本课话题的思考，以积极的态度充满热情地投入课文学习。

（4）除了理解大意、理解细节、判断正误、选择正确答案等听力常见的练习形式以外，本教材还增加了根据语素扩大词汇量的练习。提供包含相同语素的多个词语以及易于理解的句子，设置选词填空练习，目的是帮助学习者在较小的认知负担下，轻松增加词汇量，拓展听力能力。

（5）每课的“请仔细听录音，找出每组句子有什么共同的地方”练习是本系列听力教材的创新性尝试，意在让学习者在听力课上也能学到、记住几个重要的词语或语言结构，并借此训练学习者借助语境领悟词语或语言结构具体含义的能力。

（6）只有反复听才能不断提高听力理解能力，为此，本版中级听力教材加大了听的训练力度。除多次整篇听练外，还有分段听练，教学过程中根据需要还可以进行整句、几句的反复听辨理解训练。此外，除了听录音外，还增加了“教师读，学习者听”的环节，意在通过“换音频”的方式多途径训练学习者的听力理解能力，增强听的真实感和亲切感，也便于教师根据学习者的实际水平调整朗读的语速。

（7）听说结合，将教学内容延伸到生活中去，是本教材的一个侧重点。因此，教材中设计了相关练习，希望学习者能够及时把听到的内容、知识与现实语言生活联系起来。

（8）每课最后的“语言能力检测”是模拟 HSK 的单句或对话的训练，可作为泛听材料使用，同时也意在使学习者熟悉 HSK 听力考试的方式。

◎ 特别期待

对学习者：

◎ 听前不必预习生词和课文内容，把每一次听都当成一次听力测试；

◎ 听的过程中要集中精力，主动思考，大胆猜测，不必介意一词一句的得失；

◎ 课后反复听录音直至能复述课文大意，并尽可能多看中文电视节目，多听中文广播；

◎ 坚信用心去听就是在进步，并为自己听懂部分内容而感到高兴。

对教师：

◇ 反复精听，设置的问题可随所听次数的增加而由易到难，层层深入；

◇ 化整为零，整篇听后可逐段乃至逐句听练、听答；

◇ 把听和问、听和说结合起来，把听的内容用自己的话复述给学习者听，亦请学习者复述听到的内容；

◇ 每次课上都补充几段音频或视频作为泛听材料（亦可布置给学习者完成），利用 3—5 分钟进行讲解或分享。

目 录 Contents

1 画家和他的孙女

畅所欲言

1. 有一个孩子，画了一只鸡，长着四只脚，你会对这个孩子说什么？
2. 有一个孩子，画了一个有眼睛、鼻子、嘴和胡子的汽车，你会对这个孩子说什么？
3. 有一个孩子，画了一棵苹果树，树上的苹果比树还大，你会对这个孩子说什么？

词语学习

1-1

1	huàjiā	画家	名	painter, artist
2	sūnnǚ	孙女	名	granddaughter
3	shùzhī	树枝	名	branch, twig
4	shùgàn	树干	名	tree trunk
5	chìbǎng	翅膀	名	wing
6	mǔjī	母鸡	名	hen

练　习

一 字义与词义

1. 请仔细品味字义与词义的关系，并完成练习

（1）“画家”的“家”可以组成很多词语，比如“作家、科学家、教育家、音乐家”。

①下图都是什么“家”？

A. 作家	B. 科学家	C. 教育家	D. 音乐家

（ C ）	（　）	（　）	（　）

② 下面提到的这些人都是什么“家”？请模仿例子连线。

孔子	科学家
莎士比亚	画家
达·芬奇	教育家
贝多芬	作家
爱因斯坦	音乐家

（2）“树”也可以组成很多词语，比如“树叶、树干、树枝、树根”。

请在下图横线处标出：树叶在哪里？树干在哪里？树枝在哪里？树根呢？

2. 请仔细听录音，找出每组句子有什么共同的地方

第一组：……………………

第二组：……………………

第三组：……………………

第四组：……………………

第五组：……………………

二 听解课文

1-3 1. 初听全文，回答下列问题

（1）画家觉得孙女的画儿怎么样？

....

（2）孙女觉得自己的画儿怎么样？

....

（3）你觉得孙女的画儿怎么样？

....

1-4 2. 再听全文

（1）孙女画了哪些东西？边听录音边在对应的横线上画“√”。

树____	花____	水果____	兔子____
人____	马____	母鸡和鸡蛋____	小鸡____

（2）根据课文内容，按顺序写出孙女画的东西。

树——（　　）——（　　）——（　　）

1-5 3. 三听全文

（1）根据课文内容选择正确答案。

① A. 不对	B. 不像	C. 不漂亮	
② A. 都对	B. 一般	C. 很漂亮	
③ A. 长翅膀的马	B. 能飞的兔子	C. 红色的兔子	
④ A. 大树	B. 兔子	C. 马	D. 母鸡

（2）画家说孙女画得不对，怎么不对呢？

树：（　　）比（　　）粗。

兔子：（　　）色的。

马：（　　）翅膀。

母鸡和鸡蛋：（　　）比（　　）还大。

4. 说说写写

（1）请看下表，左边的句子和右边的句子语气不同，请模仿例子，把合适的句子填在空白处。

例如：A. 我怎么能不去呢？
B. 怎么能有红色的兔子呢？
C. 你怎么能迟到呢？
D. 我怎么会不帮你呢？
E. 我不知道。
F. 这不可能。
G. 我吃不了这么多。

I	II
树枝不能比树干粗。	树枝怎么能比树干粗呢？
你不应该迟到。	C
	我怎么知道呢？
我不会不帮你。	
	这怎么可能？
我一定会去的。	
	我怎么吃得了这么多？
没有红色的兔子。	

（2）跟同学交流一下上面的表格你是怎么填的。你们写的一样吗？

（3）上面表格中的这些话是在什么情况下说的？挑出一个句子并围绕它编一段对话。

5. 听老师读一遍课文，你一定会有不同的收获

6. 延伸练习

请根据课文内容完成孙女的画儿。

1-6 **7. 听录音，选择正确答案**

“怎么”在不同的句子里有不同的意思。请你根据录音中的提问，选择正确的回答。然后跟同学讨论，这是在什么情况下说的，是谁对谁说的。

（1）A. 我是坐车来的。
B. 我来看你呀。

（2）A. 我走路来的。
B. 我来买东西。

（3）A. 我还有点儿事儿。
B. 我开车回家。

（4）A. 你知道这件事吗？
B. 我也是刚听说的。

1-7 **8. 选词填空**

参加　长　比……还……　结果　怎么

要求

1. 请先独立填写答案；
2. 填好后同学之间可以讨论；
3. 最后听录音。

（1）他（　　）了几次留学生的活动，觉得很有意思。
（2）小女孩儿（　　）得很漂亮。
（3）他找到了工作，家人（　　）他自己（　　）高兴。
（4）他每天工作到夜里，一直没有好好休息，（　　）累病了。
（5）他有困难，我们（　　）能不帮他？
（6）我打算（　　）这个月的 HSK。
（7）这家商店的东西（　　）那一家的（　　）贵。
（8）她（　　）得特别高。

三 语言能力检测

1-8 **听对话，选择正确答案**

1. A. 坐地铁　　B. 打车　　C. 坐公交　　D. 开车
2. A. 有弟弟　　B. 像哥哥　　C. 像爸爸　　D. 像妈妈

2 最好的年龄

畅所欲言

1. 跟你的同学讨论一下下面的问题，看看你们的看法是否一样。

（1）你觉得多大是最好的年龄？

（2）你希望自己现在多大？为什么？

2. 怎么问别人的年龄？请在年龄和问题之间连线。

十岁以下	多大岁数
十五六岁	多大年纪
三四十岁	几岁
七八十岁	多大

词语学习

2-1

1	cǎifǎng	采访	动	(of a reporter) to interview
2	bùtíng	不停	副	incessantly
3	gāozhōng	高中	名	senior secondary school
4	méi//jìnr	没劲儿	动	to feel weak
5	dāi	待	动	to stay
6	tuì//xiū	退休	动	to retire
7	cāo//xīn	操心	动	to worry about, to concern oneself about
8	jiēshòu	接受	动	to accept
9	xiǎngshòu	享受	动	to enjoy

练 习

一 字义与词义

1. 请仔细品味字义与词义的关系，并完成练习

（1）“退休”的“休”也是“休息”的“休”，它可以组成很多词语，比如“休假、午休、休养”，试着理解每个词语的意思，并选词填空。

① 在我们国家，男的 60 岁（　　），女的 55 岁（　　）。

② 很多人中午都要（　　）一会儿，这样下午上班才不觉得累。

③ 王经理这个星期（　　）了，下星期一回来上班。

（2）“接受”的“受”也可以组成很多词语，比如“享受、难受”，试着理解每个词语的意思，并选词填空。

① 他（　　）了电视台的采访。

② 我们应该学会（　　）生活。

③ 我感冒了，全身都很（　　）。

2-2 **2. 请仔细听录音，找出每组句子有什么共同的地方**

第一组：……………………………………

第二组：……………………………………

第三组：……………………………………

第四组：……………………………………

第五组：……………………………………

二 听解课文

2-3 **1. 初听全文，在正确的选项后面画“√”**

（1）每个人对最好的年龄的看法都（一样　　不一样　　）。

（2）大部分被采访的人都认为（自己的　　别人的　　）年龄好。

（3）实际上，每个年龄都是（最好　　不好　　）的。

2-4 2. 再听全文

（1）根据课文内容填表，在括号里填上年龄，在空白处填上理由。

理由：

A. 身体最好

B. 被抱着走，被爱，被照顾

C. 想在哪儿就在哪儿，想干什么就干什么

D. 不用上学。想干什么就干什么，可以不停地玩儿

E. 退休了，不用工作了。不用为别人操心，可以过自己的生活了

F. 高中毕业了，可以自己开车去想去的地方

G. 每个年龄都是最好的。享受你现在的年龄

被采访人	被采访人的年龄	认为最好的年龄是	理由
一个小男孩儿	—	两个月	
另一个小孩儿	—	（　　）岁	
一个少年	—	18 岁	
一个男人	（　　）岁	25 岁	A
一个小女孩儿	5 岁	（　　）岁	
一个女士	—	55 岁	
一个老太太	—	—	

（2）根据课文内容连线。

两个月	不用上学
3 岁	退休了
18 岁	被抱着走
25 岁	身体最好
55 岁	高中毕业

2-5 3. 三听全文

听后回答问题，把答案写在横线上，然后跟同学讨论一下。

（1）问：你认为说话的小男孩儿可能多大？

答：

（2）问：你认为这个小孩儿多大？

答：

（3）问：25 岁的他跟现在的他什么方面不一样？

答：

（4）问：这个小女孩儿觉得 29 岁可以做什么？

答：

（5）问：原因是什么？

答：

4. 听老师读一遍课文，你一定会有不同的收获

5. 在合适的搭配之间连线，然后填空

A. 困得——	睁不开眼睛
B. 累得	睡不着觉
C. 气得	合不上嘴
D. 高兴得	走不动了
E. 急得	说不出话来

（1）项目遇到了困难，经理（　　）。

（2）见到了二十年没见的老朋友，我（　　）。

（3）我夜里三点才睡觉，现在（　　）。

（4）他今天爬长城、逛故宫，玩儿了一整天，现在（　　）。

（5）售货员态度很差，还跟顾客吵架，顾客（　　）。

2-6 6. 选词填空

任何　想……就……　越来越　操心　没劲儿

要求

1. 请先独立填写答案；
2. 填好后同学之间可以讨论；
3. 最后听录音。

（1）他没有（　　）坏习惯。

（2）车（　　）多，路（　　）堵。

（3）这件事没有（　　）意义，你别做了。

（4）这些地方都挺好玩儿的，你（　　）去哪儿（　　）去哪儿吧。

（5）大夫，我头疼，发烧，全身（　　）。

（6）天气（　　）冷，我得买一件大衣了。

（7）我们现在身体还可以，不要为我们（　　）。

（8）年纪大了，走一会儿路就（　　）了。

7. 小调查

问班里的五个同学下面的问题，把结果记录下来，向全班汇报。

（1）哪个年龄段的人压力最大？

（2）哪个年龄段的人身体最好？

（3）哪个年龄段的人最快乐？

（4）如果可以选择，你希望自己现在多大岁数？为什么？

问题	答案	理由
压力最大的年龄段		
身体最好的年龄段		
最快乐的年龄段		
你最希望的年龄		

三 语言能力检测

2-7 听对话，选择正确答案

1. A. 60 岁　B. 55 岁　C. 53 岁　D. 52 岁

2. A. 公司招人时不应该有年龄要求　B. 35 岁以下的人都没有经验
   C. 年龄大的人才会好好工作　D. 经验跟年龄没有什么关系

3 交换人生

畅所欲言

1. 你最羡慕什么样的人？为什么？请写下来。

   我最羡慕＿＿＿＿＿＿＿＿，因为＿＿＿＿＿＿＿＿＿＿＿＿。

2. 富翁会羡慕穷人的什么呢？在你认为可能的方面画"√"。

   健康（　　）快乐（　　）自由（　　）没有压力（　　）什么都不担心（　　）

3. 为了财富，你愿意放弃什么？

词语学习

3-1

1	jiāohuàn	交换	动	to exchange
2	rénshēng	人生	名	life
3	fùwēng	富翁	名	rich man
4	hùxiāng	互相	副	each other, mutually
5	xiànmù	羡慕	动	to admire, to envy
6	fàngqì	放弃	动	to give up
7	suǒyǒu	所有	形	all
8	dànǎo	大脑	名	brain
9	tíchū	提出		to put forward, to raise
10	fùyǒu	富有	形	wealthy, rich
11	shǒushù	手术	名	(surgical) operation
12	dòng nǎozi	动脑子		to use one's head

练　习

一 字义与词义

1. 请仔细品味字义与词义的关系，并完成练习

（1）“富翁”的“富”还可以组成别的词语，比如“富有、财富、丰富”，试着理解每个词语的意思，并选词填空。

① 食堂的饭菜特别（　　）。

② 他是世界上最（　　）的人。

③ 一个人是不是快乐，跟他的（　　）有关系吗？

（2）“变成”的“变”也可以组成很多词语，比如“变得、变化、改变”，试着理解每个词语的意思，并选词填空。

① 他的（　　）太大了，我都认不出来了。

② 她小的时候每天都想，将来要是能（　　）妈妈的样子就好了。

③ 工作以后，他（　　）越来越自信。

3-2 **2. 请仔细听录音，找出每组句子有什么共同的地方**

第一组：……………………………………

第二组：……………………………………

第三组：……………………………………

第四组：……………………………………

第五组：……………………………………

二 听解课文

3-3 **1. 初听全文，回答下列问题**

（1）谁和谁交换了人生？

……………………………………

（2）最后他们怎么了？

……………………………………

3-4 2. 再听全文

（1）根据课文内容填表。

A. 身体差　　B. 身体好　　C. 富有

D. 穷　　E. 总担心身体　　F. 什么都不担心

G. 随便花钱　　H. 不想动脑子　　I. 懂得如何取得成功

人物	交换人生以前	交换人生以后	最后
富翁			A、C
穷人			B、D

（2）根据你填的表，用自己的话说一说。

① 在交换人生以前，富翁是什么样的？后来呢？

② 在交换人生以前，穷人是什么样的？后来呢？

3-5 3. 三听全文

（1）根据课文内容选择正确答案。

①A. 财富　　B. 健康　　C. 大脑

②A. 财富　　B. 健康　　C. 成功的方法

③A. 身体　　B. 财富　　C. 思想

④A. 财富　　B. 健康　　C. 成功的方法

⑤A. 不锻炼身体　　B. 总是担心身体　　C. 不动脑子

⑥A. 钱还不够多　　B. 吃喝玩儿乐，乱花钱　　C. 总生病

（2）根据课文内容给下面的句子排序。

	A	富翁很担心自己的身体，穷人花光了所有的钱。
	B	他们回到了各自原来的样子。
1	C	富翁希望变得健康，穷人希望变得富有。
	D	穷人得到了财富，富翁得到了健康。
	E	他们交换了大脑。

4. 听老师读一遍课文，有不懂的地方随时问老师

5. 接力讲故事

按抓阄的顺序，1、3、5 讲故事（1），2、4、6 讲故事（2），7 及以后讲故事（3）。

（1）讲一讲富翁的故事。

（2）讲一讲穷人的故事。

（3）讲一讲富翁和穷人交换人生的故事。

3-6 6. 选词填空

羡慕　放弃　只要……就……　花　像……一样

（1）别老（　　）别人，每个人都有自己的烦恼。

（2）他也（　　）你（　　），只想当画家。

（3）（　　）努力，（　　）可能成功。

（4）这次旅行一共（　　）了三千块钱。

（5）这么好的工作你怎么（　　）了？

（6）（　　）你努力，（　　）会有机会。

（7）我（　　）了三天的时间完成了这个任务。

要求

1. 请先独立填写答案；
2. 填好后同学之间可以讨论；
3. 最后听录音。

7. 延伸练习

下面这些人交换人生以后可能会有什么变化？跟你的同学讨论一下，并将你们的讨论结果写下来。

父母——子女　警察——小偷儿　医生——病人　老师——学生

三 语言能力检测

3-7 听句子，判断正误

1. 别人说得慢一点儿，你才能听懂。 ( )
2. 人们不应该总是羡慕别人。 ( )
3. 说话人身体不太好，他有点儿担心。 ( )
4. 说话人不认识小刘。 ( )

4 煮熟的鸭子飞了

畅所欲言

1. 想办法弄明白“煮熟的鸭子飞了”是什么意思。
2. 你见到过乞丐吗？你给过乞丐钱或者别的东西吗？
3. 你认为乞丐最想得到什么？
4. 一个人丢了手机，这是他写的找手机的启事，请填空。

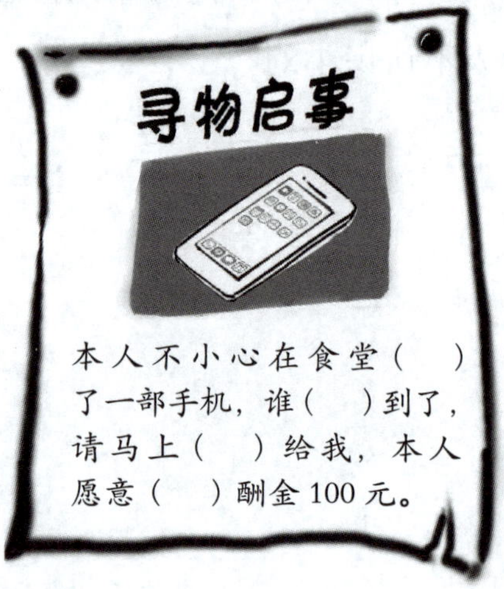

词语学习

4-1

1	qǐgài	乞丐	名	beggar
2	wúyì	无意	副	accidentally
3	shuān	拴	动	to tie up, to fasten
4	qǐshì	启事	名	announcement
5	jiǎn	捡	动	to find, to pick up
6	fù	付	动	to pay
7	chóujīn	酬金	名	remuneration, reward
8	lǐngqǔ	领取	动	to get, to receive

9	lùguò	路过	动	to pass by or pass through (a place)
10	jiǎobù	脚步	名	step, footstep
11	chī//jīng	吃惊	动	to be surprised

练　习

一 字义与词义

1. 请仔细品味字义与词义的关系，并完成练习

（1）“无意”的“意”还可以组成别的词语，比如“特意、好意”，试着理解每个词语的意思，并选词填空。

① 今天，我（　　）中发现了一个非常好的咖啡店。

② 谢谢你的（　　），不过我自己能做好，就不麻烦你了。

③ 上个月，我父母（　　）去学校参加了我的毕业典礼。

（2）“酬金”的“金”也可以组成别的词语，比如“现金、奖学金”，试着理解每个词语的意思，并选词填空。

① 考试成绩前 10% 的学生可以得到（　　）。

② 现在人们出门很少带（　　），因为手机支付越来越方便了。

③ 捡到东西以后还给失主，应该要（　　）吗？

4-2 **2. 请仔细听录音，找出每组句子有什么共同的地方**

第一组：……………………

第二组：……………………

第三组：……………………

第四组：……………………

第五组：……………………

二 听解课文

4-3 1. 初听全文，回答下列问题

（1）小狗是谁的？

____

（2）小狗最后怎么样？

____

（3）乞丐得到钱了吗？

____

4-4 2. 再听全文，根据课文内容判断正误

（1）乞丐无意中捡到了两万元钱。（ ）

（2）乞丐偷了大富翁的一只狗。（ ）

（3）狗的主人非常富有。（ ）

（4）狗的主人愿意花两万元钱再买一只狗。（ ）

（5）乞丐捡到狗以后，就不再乞讨了。（ ）

（6）乞丐捡到狗以后，领取了两万元酬金。（ ）

（7）第二天，酬金提高到了三万元。（ ）

（8）第二天，酬金提高了一万元。（ ）

（9）乞丐认为三万元太少，他等待着酬金继续提高。（ ）

（10）乞丐的眼睛有问题。（ ）

（11）大富翁相信，只有提高酬金，捡到狗的人才可能把狗还给他。（ ）

4-5 3. 三听全文

（1）根据课文内容选择正确答案。

① A. 捡到一只狗　　B. 有两万元钱
　C. 有一万元钱　　D. 买一只狗

② A. 他希望捡到狗的人能把狗还给他　　B. 他想让大家都感到惊讶
　C. 他希望能买一只一样的狗　　D. 他想让人知道那只狗非常贵

③ A. 他对三万元的酬金感到吃惊　　B. 他希望酬金继续涨
　C. 他不相信大富翁会付给他酬金　　D. 他越来越喜欢那只小狗

④ A. 大家都相信狗已经死了 B. 大家为自己没捡到狗而不高兴

C. 大家觉得大富翁在骗人 D. 大家没想到酬金会涨到这么高

⑤ A. 因为狗饿死了 B. 因为酬金太低了

C. 因为他自己留下了那只狗 D. 因为狗跑了

⑥ A. 捡了东西要马上还 B. 期望不要过高

C. 应该对狗好一点儿 D. 别随便捡东西

（2）用自己的话说一说，画线部分是什么意思。

① 一个乞丐每天都在想，我要是有两万块钱就好了。

....

② 乞丐几乎不敢相信自己的眼睛。

....

③没想到，那只可爱的小狗已经被饿死了。乞丐还是乞丐。

....

（3）根据课文内容给下面的句子排序。

	A	富翁愿意给捡到小狗的人两万元酬金。
	B	小狗饿死了。
1	C	乞丐捡到一只小狗。
	D	酬金不停地涨。
	E	乞丐想去领取酬金，可是见酬金涨了，又改了主意。
	F	乞丐决定把狗还给富翁。

4. 听老师读一遍课文，有不懂的地方随时问老师

5. 说一说

（1）以小组为单位，以接力的形式复述课文。

（2）这篇文章的题目叫“煮熟的鸭子飞了”，你觉得有道理吗？为什么？

4-6 6. 选词填空（有一个词是多余的）

丢　捡　付　涨　直到　相信　要是……就好了

要求

1. 请先独立填写答案；
2. 填好后同学之间可以讨论；
3. 最后听录音。

（1）我不小心（　　）了手机，幸亏有人（　　）到还给了我。

（2）那条裙子原来 1000 块，现在（　　）到 1500 了。

（3）他（　　）上大学才第一次离开家。

（4）请（　　）我，我说的都是真的。

（5）他（　　）了学费以后，就没有多少钱了。

（6）汽车已经开走了，你（　　）早五分钟来（　　）。

（7）你能借我点儿钱吗？我钱包（　　）了。

（8）使劲儿跑！（　　）跑不动了为止。

三 语言能力检测

4-7 听句子，判断正误

1. 他现在想看电影了。（　　）
2. 他想知道买一个手机多少钱。（　　）
3. 他想用手机付钱。（　　）
4. 他的工资没有涨。（　　）

5 我想和您一起吃晚饭

畅所欲言

1. 在你五岁的时候，陪伴你最多的是——请在括号里画“√”。

爸爸（　　）　妈妈（　　）　爷爷、奶奶（　　）　玩具（　　）

其他：……

2. 在你五岁的时候，你最想得到的是什么？请在括号里画“√”。

很多钱（　　）　很多玩具（　　）　父母的陪伴（　　）　一只小狗（　　）

其他：……

3. 现在你有两千块钱，你想做什么？请在括号里画“√”。

自己去旅行（　　）　买衣服（　　）　跟家人一起玩儿（　　）

跟朋友一起玩儿（　　）　给家人买礼物（　　）

理由是：……

词语学习

5-1

1	zhèng	挣	动	to earn (money)
2	háo wú	毫无		without, not in the least
3	wánjù	玩具	名	toy
4	zìsī	自私	形	selfish
5	yìtiān-dàowǎn	一天到晚		from morning till night
6	xiōng	凶	形	harsh, fierce

7	zàishuō	再说	连	besides
8	zhěntou	枕头	名	pillow
9	zhòu	皱	动	to rumple
10	chāopiào	钞票	名	paper money
11	zhīqián	之前	名	(the time) before

练 习

一 字义与词义

1. 请仔细品味字义与词义的关系，并完成练习

（1）“钱”可以组成很多词语，比如“挣钱、借钱、还钱、省钱、花钱”，试着理解每个词语的意思，并选词填空。

①一个人的幸福程度跟（　　）多少有关系吗？

② 他每天打三份工，钱虽然挣了不少，可是完全没时间（　　）。

③ 租房子太贵，最（　　）的办法是跟父母一起住。你会这样做吗？

（2）“玩具”的“玩”也可以组成很多词语，比如“开玩笑、好玩儿”，试着理解每个词语的意思，并选词填空。

① 哪个小孩子不喜欢玩儿（　　）呀？

② 我和你（　　）呢，你别生气呀。

③ A：这个新游戏很（　　），咱们一起玩儿吧。

B：“好玩儿”是什么意思呀？

A：就是“有趣”“有意思”。

5-2 2. 请仔细听录音，找出每组句子有什么共同的地方

第一组：……………………

第二组：……………………

第三组：……………………

第四组：

第五组：

二 听解课文

5-3 1. 初听全文，回答下列问题

（1）这个故事里有几个人？他们是谁？

（2）儿子向父亲要什么？他得到了吗？

（3）这是一个什么样的父亲？在你认为正确的答案后面画“√”。

很忙（ ）　很辛苦（ ）　很富有（ ）

很穷（ ）　不喜欢孩子（ ）

5-4 2. 再听全文，根据课文内容判断正误

（1）父亲一回家，儿子就向他要钱。（ ）

（2）父亲对儿子的问题感到很生气。（ ）

（3）儿子向父亲要钱不是为了买玩具。（ ）

（4）儿子向父亲要 20 美元。（ ）

（5）父亲一开始并没有给儿子钱。（ ）

（6）儿子经常向父亲要钱。（ ）

（7）父亲最后给了儿子 10 美元。（ ）

（8）儿子想用 20 美元给父亲买一件礼物。（ ）

（9）儿子想用 20 美元请父亲吃饭。（ ）

（10）父亲不常跟儿子一起吃晚饭。（ ）

5-5 3. 三听全文

（1）根据课文内容选择正确答案。

① A. 每天工资是多少　B. 能一起吃晚饭吗

C. 一小时收入多少　D. 能不能借钱给他

② A. 很生气　　B. 很安静
C. 觉得没有意义　　D. 很高兴

③ A. 因为 10 美元并不多
B. 因为儿子没有坚持向他要钱
C. 因为他觉得儿子可能真的想买什么东西
D. 因为儿子非常难过

④ A. 向父亲买一个小时的时间　　B. 请父亲吃一顿饭
C. 给自己买一些玩具　　D. 给父亲买一件礼物

⑤ A. 我们应该花一些时间陪家人　　B. 我们不应该辛苦地工作
C. 父母不应该对孩子太凶　　D. 父母应该多给孩子一些钱

（2）说一说。

① 你认为课文中的父亲是一位好父亲吗？说说你的理由。

② 请你给这个故事加一个结尾。

4. 听老师读一遍课文，有不懂的地方随时问老师

5-6 **5. 听录音中的问题，然后用所给词语回答**

（1）B: ______________________________（好好）

（2）B: ______________________________（再说）

（3）B: ______________________________（最好）

（4）B: ______________________________（一天到晚）

（5）B: ______________________________（跟……有关系）

5-7 **6. 选词填空**

跟……有 / 没有关系　挣　借　一天到晚　好好　再说　最好　烦　够

（1）今天她生日，我们应该（　　）庆祝一下。

（2）（　　）都干一样的事，肯定会（　　）。

（3）这个地方我没听说过，（　　），现在也没时间去呀。

要求

1. 请先独立填写答案；
2. 填好后同学之间可以讨论；
3. 最后听录音。

（4）这本书不是我的，是跟朋友（　　）的。

（5）好的工作不仅要能（　　）钱，而且还要有意义。

（6）你的建议我们会（　　）考虑的。

（7）有的孩子不愿意上学，这（　　）学校和家长都（　　）吧？

（8）在这件事上，你（　　）别花太多时间。

（9）500 块钱（　　）买一个手机吗？

三 语言能力检测

5-8 听对话，选择正确答案

1. A. 春节怎么回家　　B. 春节为什么没回家
   C. 一个月挣多少钱　　D. 找什么样的男朋友
2. A. 男的和女的看法一样　　B. 男的对工作不满意
   C. 他们是小宝的父母　　D. 女的希望大家都玩儿会儿

6 别自己吓自己

畅所欲言

1. 如果你觉得自己生病了，你会怎么做？请在括号里画“√”。

去医院（　　）　　自己买药（　　）　　查医学书（　　）

其他：______

2. 你用什么方法保持健康？请在括号里画“√”。

锻炼身体（　　）　　保持好心情（　　）　　注意饮食（　　）

其他：______

3. 你知道这些病的名字吗？知道的请在括号里画“√”。

感冒（　　）　　肺病（　　）　　胃病（　　）

妇科病（　　）　　精神病（　　）　　心脏病（　　）

词语学习

6-1

1	yīxué	医学	名	medical science
2	fèibìng	肺病	名	lung disease
3	fùkē	妇科	名	gynaecology
4	zhěnduàn	诊断	动	to diagnose
5	màibó	脉搏	名	pulse
6	wúlùn-rúhé	无论如何		whatever
7	húnshēn	浑身	名	all over the body
8	yàofāng	药方	名	prescription

9	gùbushàng	顾不上		to have no time to do something
10	yàodiàn	药店	名	drugstore
11	cōngcōng	匆匆	形	hurried
12	diànyuán	店员	名	shop assistant

练　习

一　字义与词义

1. 请仔细品味字义与词义的关系，并完成练习

（1）“医学”的“医”可以组成很多词语，比如“医院、医生、就医”，试着理解每个词语的意思，并选词填空。

①“就”有一个意思是“靠近”，也可以理解为“去”，所以（　　）就是“去医院”。

② 小李正在学习（　　），他的愿望是毕业以后当（　　）。

③ 老刘住院了，我今天要去（　　）看他。

（2）“商店”的“店”也可以组成很多词语，比如“药店、食品店、饭店、书店”，试着理解每个词语的意思，并选词填空。

① 有的小病不用去医院，自己去（　　）买点儿药就行。

② 大（　　）离我家太远，买面包、水果什么的我都去楼下的（　　）。

③ 想吃好吃的饭菜不一定要去五星级（　　），有的街头小饭馆做的菜也非常好吃。

6-2 **2. 请仔细听录音，找出每组句子有什么共同的地方**

第一组：________________

第二组：________________

第三组：________________

第四组：________________

第五组：________________

二、听解课文

6-3 1. 初听全文，回答下列问题

（1）“我”到底有没有病？

……………………………………

（2）“我”为什么吓坏了？

……………………………………

（3）“我”最后怎样？

……………………………………

6-4 2. 再听全文，根据课文内容判断正误

（1）“我”得肺病几个月了，自己却不知道。（　）

（2）“我”有心脏病。（　）

（3）“我”找不到自己的心脏，感到很害怕。（　）

（4）脉搏每分钟 140 次是不正常的。（　）

（5）看完病以后，“我”就去了饭店。（　）

（6）药店店员看不懂医生开的药方。（　）

（7）药店没有“我”需要的东西。（　）

（8）医生认为“我”需要运动。（　）

（9）吃了医生开的药，“我”的病就好了。（　）

（10）实际上，“我”什么病也没有。（　）

6-5 3. 三听全文，根据课文内容选择正确答案

（1）A. 对医学感兴趣　B. 想知道自己有什么病
C. 想增加自己的知识　D. 想知道自己的病怎么治

（2）A. 肺病　B. 心脏病　C. 妇科病

（3）A.“我”有点儿不舒服　B.“我”想让医生读一读医学手册
C.“我”很担心自己的身体　D.“我”想请他去饭店

（4）A. 以为自己得了很多病　B. 原来的病更厉害了
C. 觉得自己是个幸福的人　D. 决定当医生

（5）A. 想快点儿拿到药　B. 相信医生开的药
C. 药店要下班了　D. 想早一点儿回家

（6）A. 看完医生以后，“我”坚持锻炼身体

B. 看完医生以后，“我”不再胡思乱想

C. 看完医生以后，“我”每天都去饭店

D. 看完医生以后，“我”一直非常健康

（7）A. 医学书不一定对　　B. 不懂的事就别去想

C. 应该努力锻炼身体　　D. 人都会担心自己生病

6-6 **4. 边听录音边填空，然后回答问题**

（1）（　　）没有妇科病（　　），我（　　）什么病都有！

答：

（2）（　　）找脉搏，（　　）连脉搏都没有，（　　）发现脉搏一分钟 140 次！（　　），我又去找自己的心脏，但无论如何也找不到，我害怕极了。

答：

（3）我拿起药方，（　　）看就立刻去了药店，匆匆把药方给了店员。

答：

（4）牛肉（　　），啤酒（　　），6 小时（　　）。两（　　）路，每天早上一次。

答：

5. 听老师读一遍课文，你一定会有不同的收获

6. 延伸练习

（1）学习成语“疑神疑鬼”和“庸人自扰”。

① 或者问老师，或者问朋友，或者查词典，大致弄懂这两个成语的意思。

② 说一说这两个成语跟今天听到的课文有什么关系。

③ 你的母语里有没有意思差不多的说法？试着用汉语分享给大家。

（2）角色扮演

两人一组，一个人是课文中的“我”，一个人是医生，编一个短剧：“我”发现自己浑身都是病，就去找当医生的朋友……

6-7 7. 选词填空

除了……以外　V/Adj 坏了　谁 / 什么……都　无论如何　顾不上

要求

1. 请先独立填写答案；
2. 填好后同学之间可以讨论；
3. 最后听录音。

（1）刚来的时候，他（　　）不认识，现在交了不少朋友。

（2）他常常忙得（　　）回家看父母。

（3）那个商店（　　）东西（　　）有，价格也很便宜。

（4）（　　）汉语（　　），你还会说什么语言？

（5）你（　　）不要相信他的话。

（6）他找到了工作，高兴（　　）。

（7）他工作太忙了，（　　）做饭，只能吃方便面。

（8）我的好朋友结婚，我（　　）要去参加他的婚礼。

（9）（　　）上海（　　），我还去过西安和重庆。

（10）最近的温度都在 36 度以上，把大家都热（　　）。

三 语言能力检测

6-8 听句子，判断正误

1. 有很多人找他吃饭。（　　）
2. 他的汉语说得越来越好了。（　　）
3. 现在他认为钱不是最重要的。（　　）
4. 应该让医生来做诊断。（　　）
5. 不要经常跟别人比较。（　　）

7 年龄不是问题

畅所欲言

1. 你有什么爱好？跟你的同学谈一谈。
2. 你认为要想成为一名画家应该从几岁开始学习画画儿？
3. 如果想成功，下面哪些条件是重要的？请选出你认为最重要的三个，在后面的括号里画“√”。

聪明（ ）　努力（ ）　经验（ ）　品德（ ）
素质（ ）　性格（ ）　态度（ ）　习惯（ ）
机会（ ）　人际关系（ ）

词语学习

7-1

1	xià qí	下棋		to play chess
2	guǎnlǐyuán	管理员	名	administrator
3	shuōbudìng	说不定	副	perhaps
4	gǔlì	鼓励	动	to encourage
5	yìshùguǎn	艺术馆	名	art gallery
6	jǔbàn	举办	动	to hold (an event)
7	chōngmǎn	充满	动	to be full of
8	huólì	活力	名	vitality
9	xiǎngxiànglì	想象力	名	imagination

10	shōucáng	收藏	动	to collect
11	chuàngzào	创造	动	to create
12	qíjì	奇迹	名	miracle
13	zhuānxīn	专心	形	attentive, focused

练 习

一 字义与词义

1. 请仔细品味字义与词义的关系，并完成练习

（1）“专心”的“心”可以组成很多词语，比如“小心、粗心、担心、操心”，试着理解每个词语的意思，并选词填空。

① 他特别（　　），不是忘了带钥匙，就是忘了带手机。

② 上课（　　）听讲，比下课花很多时间学习有效得多。

③ 这段时间没怎么学习，我（　　）期末考试会不及格。

（2）“画”可以组成很多词语，比如“画画儿、画笔、画展、画家、油画、国画”，试着理解每个词语的意思，并选词填空。

① 齐白石先生是中国有名的（　　）。

② 美术馆现在有什么（　　）？

③ 老人从来没有摸过（　　），也没想到自己会喜欢（　　）。

7-2 2. 请仔细听录音，找出每组句子有什么共同的地方

第一组：……………………

第二组：……………………

第三组：……………………

第四组：……………………

第五组：……………………

二 听解课文

7-3 1. 初听全文，然后说一说下面这些词语中你听到了哪些

80 岁	下棋	散步回家	过日子		
棋友病了	准备回家	劝他画画儿	鼓励	觉得有意思	
老人决定	上画画儿课	20 年后	画展	专心做事	年龄不重要

7-4 2. 再听全文，根据课文内容判断正误

（1）这位老人每天都到朋友家下棋。（　　）

（2）朋友病了，老人跟另外一个人下棋也很高兴。（　　）

（3）管理员建议老人去画画儿。（　　）

（4）管理员相信老人一定能成为画家。（　　）

（5）老人以前从来没画过画儿。（　　）

（6）老人觉得画画儿没有意思。（　　）

（7）老人在 101 岁的时候参加了画画儿比赛。（　　）

（8）老人在 101 岁的时候举办了画展。（　　）

（9）老人的作品被许多人收藏。（　　）

7-5 3. 三听全文

（1）根据课文内容给下面的句子排序。

	A	老人到学校学习画画儿。
	B	老人的朋友病了。
1	C	老人每天到俱乐部和朋友下棋。
	D	艺术馆为老人举办了画展。
	E	老人在管理员的建议下开始练习画画儿。
	F	老人不愿意和新棋友下棋。

（2）根据课文内容回答下列问题。

① 学画画儿以前，老人喜欢什么？

② 老人年轻时会画画儿吗？

③ 管理员建议老人试着画画儿，老人为什么笑了？

④ 老人多大年龄开始去学校学画画儿？

⑤ 老人的画儿有什么特点？

4. 听老师读一遍课文，你一定会有不同的收获

7-6 **5. 选词填空**

适应　建议　俱乐部　说不定　待　把时间 / 钱花 / 用在……上

要求

1. 请先独立填写答案；
2. 填好后同学之间可以讨论；
3. 最后听录音。

（1）天这么阴，（　　）要下雨了。
（2）我什么都习惯了，就是还不（　　）那里的天气。
（3）他在上海（　　）了三年，能听懂上海话。
（4）他（　　）时间都（　　）工作上了。
（5）我应该去哪儿工作，你有什么（　　）？
（6）我好几天没见到他了，（　　）他已经回国了。
（7）毕业了，不能老（　　）在家里呀。
（8）这个工作压力太大，我很不（　　）。
（9）朋友（　　）我住在学校宿舍，这样上课就方便了。
（10）他（　　）钱都（　　）了不该花的地方。
（11）你帮我报个名，我就参加乒乓球（　　），我喜欢打乒乓球。

6. 延伸练习

（1）和同学讨论一下，以下哪些职业受年龄的影响比较小。

运动员　　老师　　医生　　空姐　　音乐家　　画家

其他：……………………………………

（2）你多大开始学习汉语的？如果你已经六十岁了，你还愿意学习什么新东西？

（3）你每天在什么事上花的时间最多？

三 语言能力检测

7-7 听句子，判断正误

1. 说话人在鼓励对方学画画儿。（　　）
2. 几年前，他成功举办过一次画展。（　　）
3. 他是一位有活力的老人。（　　）
4. 我觉得成功的人挣钱都不多。（　　）
5. 努力才能创造奇迹。（　　）
6. 人生比下棋有意思。（　　）

8 猜猜他是谁

畅所欲言

1. 根据自己的情况填表。

姓名	
性别	
外貌	
性格	
最喜欢的事	
最不喜欢的事	

2. 你知道哪些描写性格的词？请写出五个：________

3. 在你的同学中，有没有人跟你有一样的爱好？问问同学，讨论一下你们最喜欢和最不喜欢的事。

词语学习

8-1

1	zìwǒ	自我	代	oneself
2	bǐcǐ	彼此	代	each other, one another
3	tiánxiě	填写	动	to fill in
4	xìngbié	性别	名	gender
5	miáoxiě	描写	动	to describe
6	wàimào	外貌	名	(physical) appearance

7	kāilǎng	开朗	形	open and clear, cheerful
8	hài//xiū	害羞	形	shy
9	shuài	帅	形	handsome
10	bùzhǐ	不止	动	(to be) more than
11	shǒujī	手机	名	mobile phone
12	diànzǐ yóujiàn	电子邮件		e-mail
13	tōngxìnlù	通信录	名	address book, contact list

练 习

一 字义与词义

1. 请仔细品味字义与词义的关系，并完成练习

（1）“性别”的“性”可以组成很多词语，比如“性格、男性、女性、同性、异性”，试着理解每个词语的意思，并选词填空。

① 人们说（　　）决定命运，意思是，你有什么样的性格，就会有什么样的命运。

② 请在（　　）下面写“男”或者“女”。

③ 在你们国家，同样的工作，（　　）的工资跟（　　）的一样多吗？

（2）“写”可以组成很多词语，比如“填写、描写、写作”，试着理解每个词语的意思，并选词填空。

① 今天（　　）课的作业是写一篇500字以上的作文。

② 去银行开户，需要（　　）一个申请表。

③ 请你用三个词（　　）一下你的性格。

8-2 **2. 请仔细听录音，找出每组句子有什么共同的地方**

第一组：________________________________

第二组：……………………

第三组：……………………

第四组：……………………

第五组：……………………

二 听解课文

8-3 **1. 初听全文，回答下列问题**

（1）对话中有几个人？

……………………

（2）他们都是谁？

……………………

（3）他们在干什么？

A. 做游戏　　B. 上课　　C. 聊天儿

8-4 **2. 听课文第一部分，选择正确答案**

（1）A. 自我介绍　　B. 互相介绍
　　C. 填表　　D. 互相问问题

（2）A. 姓名　　B. 性别
　　C. 性格　　D. 外貌

（3）A. 穿什么衣服　　B. 头发的颜色
　　C. 高矮胖瘦　　D. 活泼开朗

（4）A. 把表交给老师　　B. 把表交给同学
　　C. 把表留给自己　　D. 把表放到一起

8-5 **3. 再听课文第一部分，判断正误**

（1）这个班的学生谁都不认识谁。（　　）

（2）学生要根据别人填写的内容猜是谁写的。（　　）

（3）学生要告诉别人哪个是自己的表。（　　）

（4）猜的时候，不能问“这是你吗？”。（　　）

8-6 **4. 将听到的内容填到表中相应的位置**

性别	
外貌	
性格	
喜欢的事	
不喜欢的事	

8-7 **5. 边听录音边填空**

（1）用几个词（　　）一下你的外貌，（　　）穿什么衣服啊、头发是什么（　　）的啊、长得高不高啊（　　）。要（　　）别人一看你写的内容，就能（　　）是你。

（2）写完以后把表（　　）我，我再（　　）大家，然后你们（　　），你拿到的那张表是谁写的。

8-8 **6. 听课文第二部分，完成下面的任务**

录音中有大山、丹尼和小林三个人名，他们是男的还是女的？请在正确答案后面画“√”。他们有什么特点？请根据录音内容连线。

大山（男　女　）	穿白色 T 恤
丹尼（男　女　）	喜欢买东西
小林（男　女　）	觉得自己最帅
	长得好看
	有　辆自行车
	英国人

8-9 **7. 再听课文第二部分**

（1）根据课文内容回答问题。

①“是大山自己觉得自己最帅”，这句话是什么意思？

____

② 学生是怎么猜出丹尼的？

____

③ 学生是怎么猜出小林的？

（2）用“交给、还给、发给”三个词填空。

现在请你把手里的表（　　）填表的同学，每个同学在表上写上自己的名字、手机号码和电子邮箱，然后（　　）我。我回去做一个通信录，下星期（　　）大家。

8. 听老师读一遍课文，你一定会有不同的收获

8-10 **9. 选词填空**

猜	发 / 分 / 交 / 还给	一……就……	什么的	不止

（1）我（　　）考试（　　）紧张。
（2）我跟你说过（　　）三次了，你怎么还记不住啊？
（3）请把作文（　　）我，下星期我再（　　）大家。
（4）（　　）小林，别的女生也喜欢买东西。
（5）听广播、看电视（　　）都可以帮你学中文。
（6）有四个答案，我不知道哪个正确，只能（　　）。
（7）我（　　）一次去过那里，对那里非常熟悉。
（8）他到底有多大，别人很难（　　）出来。
（9）请帮我把卷子（　　）大家，每人两张。

要求

1. 请先独立填写答案；
2. 填好后同学之间可以讨论；
3. 最后听录音。

三 语言能力检测

8-11 **听对话，选择正确答案**

1. A. 怎么穿衣服　　B. 会什么语言
   C. 他的动作　　D. 中文的发音
2. A. 卖衣服的认为男的很帅　　B. 男的买了不少衣服
   C. 卖衣服的叫男的帅哥是希望他买衣服　　D. 男的很愿意买衣服

9 自己快乐就好

畅所欲言

1. 最近你最烦恼的事是什么？最高兴的事是什么？跟你的同学交流交流。
2. 如果一个人老是跟别人比，你觉得他的心情会怎么样？
3. 有人说："最幸福的人，是刚刚给孩子洗完澡的母亲、成功给病人做完手术的医生、在海边建起一座沙堡的孩子。"你同意这个说法吗？还有什么人是幸福的？继续说一说。

词语学习

9-1

1	yùbào	预报	动	to forecast, to predict
2	yóukè	游客	名	tourist
3	lín	淋	动	to be caught in the rain
4	luòtāngjī	落汤鸡	名	person who looks like a drowned rat
5	léizhui	累赘	名	nuisance, extra burden
6	zàiyú	在于	动	to depend on
7	fán	烦	形	annoyed

专有名词

1	Jiédá	捷达	Jetta (a car brand)
2	Bēnchí	奔驰	Benz (a car brand)

练 习

一 字义与词义

1. 请仔细品味字义与词义的关系，并完成练习

（1）“游客”的“客”还可以组成很多词语，比如“乘客、顾客、客人”，试着理解每个词语的意思，并选词填空。

① 一到周末，超市的（　　）就特别多。

② 各位（　　），前方到站是动物园，请做好下车准备。

③ 这是一个新的旅游景点，（　　）不算多。

（2）“雨”可以组成很多词语，比如“下雨、小雨、中雨、大雨、雨伞、雨鞋、雨衣”，试着理解每个词语的意思，并选词填空。

① 下雨了，小孩子高兴坏了，穿上（　　），打上（　　），在院子里跑来跑去。

② 天气预报说有（　　），要带伞吗？

③ 下雨天，我骑车出门，打伞不方便，只能穿（　　）。

9-2 **2. 请仔细听录音，找出每组句子有什么共同的地方**

第一组：……………………………………

第二组：……………………………………

第三组：……………………………………

第四组：……………………………………

第五组：……………………………………

二 听解课文

9-3 **1. 初听全文，判断课文的主要内容是什么，在括号里画“√”**

（1）旅游时该不该带伞　（　　）

（2）天气预报也会错　（　　）

（3）是否应该整天和别人比　（　　）

9-4 2. 再听全文，根据课文内容选择正确答案

（1）A. 公园很漂亮　　B. 天气非常好
C. 别人淋湿了，自己没淋湿　　D. 玩儿得十分轻松

（2）A. 又下雨了　　B. 天气不好
C. 他们被淋成了落汤鸡　　D. 别人轻松，自己不轻松

（3）A. 自己很走运　　B. 别人过得好
C. 不管别人的事　　D. 自己比别人过得好

（4）A. 不要老跟别人比较　　B. 有比较才能有快乐
C. 自己快乐不是真的快乐　　D. 自行车有时比汽车还好

（5）A. 自行车质量好　　B. 骑着特别舒服
C. 别人都没有自行车　　D. 自行车比汽车还快

（6）A. 汽车开不快　　B. 担心车会坏
C. 自己的车比别人的车贵　　D. 自己的车不如别人的车好

9-5 3. 三听全文

（1）根据课文内容，在事情、心情和原因之间连线。

下雨，带了雨伞	☺	没淋湿
没下雨，带了雨伞	☺	有累赘
有了自行车	☹	没有别人的好
有了汽车	☹	比别人走得快

（2）根据课文内容，用自己的话说一说：

① 作者认为，人们为什么快乐？为什么不快乐？

② 有自行车和汽车，哪个更让人快乐？为什么？

③ 快乐在什么情况下会变成不快乐？

4. 听老师读一遍课文，你一定会有不同的收获

5. 把词语和它们的意思连起来，然后填空

落汤鸡	总是
老	什么都不拿
两手空空	不快乐
心烦	衣服都湿透了的人
累赘	多余的；麻烦的

（1）作业写不完，真让人（　　）。
（2）你别（　　）批评他了，他已经后悔了。
（3）下大雨了，我没带伞，结果被淋成了（　　）。
（4）别人都拿了很多东西，只有我（　　），真轻松啊。
（5）不要（　　）跟别人比，你一点儿也不差。
（6）哥哥，你们打球带上我吧，我不是（　　），我可以帮你们捡球。

9-6 6. 选词填空

后悔　比较　比不上　轻松　累赘　两手空空　骑车　汽车　老

要求
1. 请先独立填写答案；
2. 填好后同学之间可以讨论；
3. 最后听录音。

（1）我们俩学习汉语的时间一样长，可是我的汉语（　　）他。
（2）通过（　　），我发现这个食堂的饭菜更好吃。
（3）每次旅行我都不带太多东西，这样可以（　　）地玩儿。
（4）事情已经过去了，（　　）没有用。
（5）去别人家做客，最好带点儿东西，不要（　　）地去。
（6）我们那儿常常堵车，我（　　）上班，比开（　　）还快呢。
（7）爬山的时候带什么书啊，那不是（　　）吗？
（8）刚四十多岁，干点儿什么就（　　）喊累，你不是有什么问题吧？

7. 延伸练习

（1）再学一个词

有一个成语叫“知足常乐”，还有一个俗语叫“人比人，气死人”。猜猜它们是什么意思，也可以查词典或者问朋友。然后，跟同学讨论一下。

....

....

你的母语里有没有类似的说法？如果有，请与大家分享一下。

....

....

（2）你的故事

最近你有没有遇到这样的情况：你本来很快乐，跟别人一比，就觉得没那么快乐了；或者你本来很烦，跟别人一比，就觉得不烦了。跟同学说一说你的情况。

....

....

三 语言能力检测

9-7 听对话，选择正确答案

1. A. 他觉得不会下雨　　B. 下大雨的话打伞也没用
   C. 他的衣服不怕小雨　　D. 带伞很麻烦
2. A. 比较后，妈妈的情绪变了　　B. 妈妈认为男生考得很好
   C. 女的认为小明学习很努力　　D. 女的认为以后努力就可以了

10 哭可以减轻压力

畅所欲言

1. 压力大的时候，你一般用什么方法减轻压力？请在括号里画“√”。

买东西（ ） 看电影（ ） 听音乐（ ） 运动（ ）

跟朋友聊天儿（ ） 吃东西（ ） 睡觉（ ） 哭（ ）

其他：……

2. 哭有什么好处和坏处？和同学讨论一下。

3. 在你们国家，一般认为什么人不能在别人面前哭？请在括号里画“√”，并说明理由。

男人（ ） 女人（ ） 小孩儿（ ）

理由：……

词语学习

10-1

1	jiǎnqīng	减轻	动	to relieve
2	yālì	压力	名	pressure, stress
3	yìngfu	应付	动	to deal with
4	guānniàn	观念	名	concept, idea
5	bēishāng	悲伤	形	sad
6	rěn	忍	动	to endure, to hold back (one’s tears)
7	jíbìng	疾病	名	disease

8	yāyì	压抑	动	to suppress, to repress
9	yǐnqǐ	引起	动	to cause
10	hūnlǐ	婚礼	名	wedding (ceremony)
11	shī//liàn	失恋	动	to fall out of love, to break up
12	fēi…bùkě	非……不可		to have to
13	tóngshì	同事	名	colleague
14	bǎochí	保持	动	to keep, to maintain
15	xíngxiàng	形象	名	image

练 习

一 字义与词义

1. 请仔细品味字义与词义的关系，并完成练习

（1）“失恋”的“恋”可以组成很多词语，比如“恋人、恋爱、网恋、自恋、早恋”，试着理解每个词语的意思，并选词填空。

① 小李最近（　　）了，心里挺难受的，咱们去陪陪他吧。

② 有人觉得（　　）不可靠，可我就是在网上认识我妻子的，我们一直都很好。

③ 不少父母认为，孩子上大学以前谈恋爱就是（　　）。

（2）“同事”的“同”也可以组成很多词语，比如“同学、同路、同时”，试着理解每个词语的意思，并选词填空。

① 这门课由我和我的（　　）王老师一起讲。

② 你要去学校啊，那咱们（　　），上车吧，我带你一段。

③ 她们姐妹俩（　　）考上了大学，真让人羡慕。

10-2 **2. 请仔细听录音，找出每组句子有什么共同的地方**

第一组：……………………………………

第二组：……………………………………

第三组：……………………………………

第四组：……………………………………

第五组：……………………………………

二 听解课文

10-3 **1. 初听全文，判断课文的主要内容是什么，在括号里画“√”**

（1）哭可以减轻压力 （ ）

（2）男人和女人谁更爱哭 （ ）

（3）人们为什么会生病 （ ）

（4）每天哭对健康有好处 （ ）

10-4 **2. 听课文第一部分，判断正误**

（1）朋友感到压力大时，就会去看一个快乐的电影。 （ ）

（2）朋友看完电影哭一场，压力就减轻了。 （ ）

（3）那位母亲把孩子送到奶奶家，就能减轻压力。 （ ）

（4）如果很悲伤，却忍着不哭，容易生病。 （ ）

（5）一般认为，哭是不坚强的表现。 （ ）

（6）经常哭会引起头疼。 （ ）

10-5 **3. 根据你记忆的课文内容填空，然后跟同学讨论，最后听录音**

朋友感到压力大时，就会去看一个(　　)的电影，然后一个人(　　)一场。一位有三个儿子的母亲，在孩子们（　　）得太厉害或者（　　）的时候，就会把孩子送到奶奶家，自己听听(　　)，哭上一场。过半小时，她就又能(　　)一切麻烦了。

10-6 **4. 听课文第二部分，填表**

男人、女人、孩子，在什么情况下可以在别人面前哭？根据录音内容在表中相应的位置画“√”。

<table>
<tr><th rowspan="2">人物</th><th colspan="6">情景</th></tr>
<tr><th>失去亲人时</th><th>婚礼上</th><th>失恋时</th><th>不舒服时</th><th>害怕时</th><th>要东西时</th></tr>
<tr><td>男人</td><td></td><td></td><td></td><td colspan="3">—</td></tr>
<tr><td>女人</td><td></td><td></td><td></td><td colspan="3">—</td></tr>
<tr><td>孩子</td><td colspan="3">—</td><td></td><td></td><td></td></tr>
</table>

5. 用自己的话说一说画线部分是什么意思

（1）在一些国家，“以男人为中心”的观念使男人想哭也不敢哭。

（2）如果一个人很悲伤，却忍着不哭，不少疾病都会找上门来。

（3）可如果是失恋了，就只能一个人偷偷地哭。

（4）谁没有烦恼和伤心事呢？为了快乐和健康，我们应该学会该哭的时候就哭。

6. 听老师读一遍课文，有不懂的地方随时问老师

7. 延伸练习

（1）你在别人面前哭过吗？是什么时候？为了什么事？哭完后你有什么感觉？跟同学说一说。

（2）你会忍着不做“吵架／骂人／哭／笑”这样的事吗？举例说一说，并介绍一下当时你是怎么想的。

10-7 8. 选词填空

以……为中心　偷偷地　非……不可　压力　应付　该V不 / 就V

要求
1. 请先独立填写答案；
2. 填好后同学之间可以讨论；
3. 最后听录音。

（1）有问题我们都会帮你的，你不要有（　　）。

（2）以前（　　）工作（　　），退休了，就应该（　　）家庭（　　）了。

（3）外边很冷，你穿这么少的衣服，（　　）感冒（　　）。

（4）他能（　　）各种困难。

（5）他把自己的秘密（　　）告诉了我。

（6）（　　）说什么（　　）说什么，不用不好意思。

（7）七点了你还不起床，（　　）迟到（　　）。

（8）学生应该（　　）学习（　　），你别去打工了。

（9）他（　　）完了考试就每天上网玩儿游戏。

三 语言能力检测

10-8 听句子，判断正误

1. 压力一定会影响身体健康。（　　）
2. 他以前可能是大夫。（　　）
3. 说话人同意的观点是“只做想做的，不做不想做的”。（　　）
4. 他认为运动可以减轻压力。（　　）

11 请把试卷认真读完

畅所欲言

1. 你参加过招聘考试吗？先面试还是先笔试？
2. 你知道公司考试会考什么题吗？如果知道，请说一说。
3. 参加考试的时候，你是先看一遍题目还是拿到试卷就做题？你觉得哪种方法好？
4. 你知道下面的职位吗？

秘书　　经理　　公务员　　编辑　　护士　　售货员　　技术工人

词语学习

11-1

1	zhāopìn	招聘	动	to recruit
2	yìngpìn	应聘	动	to apply for a job
3	tiāoxuǎn	挑选	动	to choose, to select
4	bǐshì	笔试	名	written examination
5	kǎoguān	考官	名	examiner
6	chéngyǔ	成语	名	idiom
7	jiāo//juàn	交卷	动	to submit a test paper
8	zuòfèi	作废	动	to become invalid
9	bàoyuàn	抱怨	动	to complain
10	miànshì	面试	动	to interview, to conduct an oral quiz

练　习

一 字义与词义

1. 请仔细品味字义与词义的关系，并完成练习

（1）根据你对“招聘、应聘”的理解，想一想“聘期、解聘”是什么意思，然后选词填空。

① 这个学校正在招聘老师，你打算（　　）吗？

② 他常常迟到早退，后来被公司（　　）了。

③ 本公司（　　）办公室秘书一名，（　　）两年。

（2）“考试”的“试”还能组成别的词语，比如“试卷、试题、笔试、面试、口试”。说一说，“面试”和“口试”有什么不一样。

11-2 **2. 请仔细听录音，找出每组句子有什么共同的地方**

第一组：..

第二组：..

第三组：..

第四组：..

第五组：..

二 听解课文

11-3 **1. 先看问题，然后听课文第一部分，听后回答问题**

（1）公司要招聘几个人？

....

（2）报名的人有多少？

....

（3）要求多长时间以内交卷？

....

（4）你觉得这些题目怎么样？你会做吗？

11-4 **2. 听课文第二部分，判断正误**

（1）笔试的题目一共有 20 道。（ ）

（2）考试的题目很难。（ ）

（3）考试的时间是 30 分钟。（ ）

（4）只有两三个人按时交卷。（ ）

（5）通过笔试的人都可以做总经理助理。（ ）

（6）考生要求把试卷带走做纪念。（ ）

（7）实际上，考生可以只挑两道题做。（ ）

（8）实际上，3 分钟完全可以做完考题。（ ）

（9）大部分考生都没有认真把试卷读完。（ ）

11-5 **3. 听全文，选择正确答案**

（1）A. 一百人　　B. 几百人
　　C. 五十人　　D. 两三个人

（2）A. 三分钟　　B. 三十分钟
　　C. 一小时　　D. 没有规定

（3）A. 考生名字下注有拼音　　B. 左上角有考生的名字
　　C. 做完了试卷上所有的题　　D. 试卷 1、2、3 题必须做

（4）A. 继续把试卷做完　　B. 参加下轮考试
　　C. 把试卷带回家做　　D. 把试卷带走

（5）A. 试卷太难　　B. 招聘的职位太少
　　C. 题目太多　　D. 不许他们带走试卷

4. 说一说

（1）为什么只有两三个人在规定的时间内交卷？

（2）这次考试对应聘的人会有什么帮助？

（3）被录取的人有什么特点？

（4）你觉得这个故事是真的吗？为什么？

5. 听老师读一遍课文，有不懂的地方随时问老师

11-6 6. 选词填空

招聘　应聘　以内　抱怨　按时　怎么可能　面试　这么

（1）他每天都（　　）到学校，从来不迟到。

（2）半年（　　）有质量问题免费修理。

（3）他顺利通过了笔试，公司通知他参加明天的（　　）。

（4）你看到大华公司的（　　）广告了吗？

（5）（　　）大的事，我怎么可能不知道？

（6）这个公司要求（　　）者必须会两门外语。

（7）不停地（　　），只能让烦恼更多。

（8）我（　　）不告诉你，我是真的不知道。

（9）他一会儿（　　）天气太冷，一会儿（　　）东西太贵，好像没什么是他满意的。

要求

1. 请先独立填写答案；
2. 填好后同学之间可以讨论；
3. 最后听录音。

7. 延伸练习

上招聘平台查询一下，看看有哪些你知道的公司或者你感兴趣的岗位在招聘，招聘什么职位，有什么要求，跟同学交换各自查到的信息。

三 语言能力检测

11-7 听对话，选择正确答案

1. A. 面试应该穿正式一点儿　　B. 蓝色的那身也许更合适
   C. 老人才穿黑色的衣服　　D. 黑色的衣服不够正式
2. A. 纪念品都特别贵　　B. 他不喜欢逛商店
   C. 买纪念品让他不高兴　　D. 他不打算买纪念品

12 说了没用就不如不说

畅所欲言

1. 如果别人去你家做客，你会怎么招待客人？请在括号里画“√”。

沏茶（　　）　倒咖啡（　　）　倒酒（　　）　给水果（　　）

给点心（　　）　什么都不给（　　）

2. 下面哪些句子表示道歉，请在括号里写 A；哪些表示没关系，请在括号里写 B。

真不好意思！（　　）　不要紧。（　　）　这算什么呀。（　　）

十分抱歉！（　　）　对不起！（　　）　没事儿！（　　）

都怪我！（　　）　都是我的错！（　　）　算了，算了。（　　）

下次注意就行了。（　　）　请原谅！（　　）

词语学习

12-1

1	zhāohu	招呼	动	to greet
2	bōlibēi	玻璃杯	名	glass cup
3	qī	沏	动	to make (tea), to brew (tea)
4	kètīng	客厅	名	living room
5	pālā	啪啦	拟声	(*a mimetic word*) rustle
6	liè	裂	动	to crack, to split
7	míngmíng	明明	副	obviously, clearly
8	lǐ	理	动	to pay attention to

9	shēngyi	生意	名	business
10	bú shì zīwèi	不是滋味		to feel bad
11	fǎn'ér	反而	副	on the contrary
12	yǒulì	有利	形	advantageous, beneficial

练 习

一 字义与词义

1. 请仔细品味字义与词义的关系，并完成练习

（1）“客厅”的“厅”还可以组成“餐厅、会议厅、咖啡厅、歌厅”，试着理解每个词语的意思，并选词填空。

① 我家的（　　）有二十多平方米，晚上全家人常常在那里聊天儿或者看电视。

② 吃完饭，咱们去（　　）唱卡拉 OK 吧。

③ 我家对面新开了一家（　　），专门卖各种面条儿，生意非常红火。

（2）“滋味”的“味”也可以组成很多词语，比如“口味、美味、气味”，试着理解每个词语的意思，并选词填空。

① 就要毕业了，要跟同学和老师告别了，我心里很不是（　　）。

② 在那条美食街上，你可以尝到全国各地的（　　）。

③ 离开家二十多年了，我的（　　）一直没有变。

12-2 2. 请仔细听录音，找出每组句子有什么共同的地方

第一组：…………………………………………

第二组：…………………………………………

第三组：…………………………………………

第四组：…………………………………………

第五组：…………………………………………

二 听解课文

12-3 1. 初听全文，根据课文内容选择正确答案

（1）A. 主人沏茶时弄破了杯子　　B.“我”一不小心打碎了杯子
　　C. 爸爸不小心打碎了杯子　　D. 没有人碰，杯子自己碎了

（2）A. 因为杯子碎了　　B. 因为爸爸又说假话了
　　C. 因为主人不理“我”了　　D. 因为主人不相信“我”的话

（3）A. 很生气　　B. 不太高兴
　　C. 无所谓　　D. 觉得好笑

（4）A. 不明白爸爸为什么不说真话　　B. 为杯子自己破碎而奇怪
　　C. 因为主人不理自己　　D. 觉得世界上的事真假难辨

12-4 2. 再听全文，根据课文内容判断正误

（1）这个故事发生在“我”朋友家。（　　）
（2）玻璃杯碎了，主人并没有生气。（　　）
（3）主人认为玻璃杯是“我”打碎的。（　　）
（4）爸爸没有说真话。（　　）
（5）主人并没有看到杯子是怎么碎的。（　　）
（6）主人和“我”爸爸是生意上的朋友。（　　）
（7）“我”长大后才明白假的就是真的，真的就是假的。（　　）
（8）“我”现在才明白说假话比说真话好。（　　）

12-5 3. 三听全文，判断这些话是谁说的

A. 爸爸　　B. 主人　　C.“我”

（　　）1. 杯子是自己裂的，不是打碎的。
（　　）2. 不好意思，我不小心把杯子打碎了。
（　　）3. 一个杯子算什么？我不会怪你的。
（　　）4. 不是打碎的？杯子好好的怎么会碎呢？
（　　）5. 一定是你打碎的，对不对？
（　　）6. 我说了是我打碎的嘛！
（　　）7. 你还小，不懂，等长大了你就明白了。

4. 听老师读一遍课文，你一定会有不同的收获

5. 延伸练习

（1）谈一谈你对这句话的看法：世界上的事情，有时候假的更像是真的，而真的反而像假的，这时候，接受假的会比坚持真的更轻松而且有利。

（2）你如果遇到同样的情况会怎么处理？

（3）你小时候相信而长大以后不相信的是什么？

12-6 **6. 选词填空**

抱歉　道歉　不要紧　算什么　怪　理　（不是）滋味　对不起

要求

1. 请先独立填写答案；
2. 填好后同学之间可以讨论；
3. 最后听录音。

（1）真是太（　　）了！这都（　　）我。

（2）这件事不是你的错，你不用（　　）。

（3）我把他的电子词典弄丢了，觉得很（　　）他。

（4）他踩了别人的脚，也不（　　），真没礼貌。

（5）喝三瓶啤酒（　　），我一次能喝五瓶呢。

（6）离开父母去留学，他尝到了想家的（　　）。

（7）他这个人特别爱抱怨，我真不想（　　）他。

（8）考得不好（　　），只要努力了就行了。

（9）别人都找到工作了，我却没找到，心里真（　　）。

（10）我跟他打招呼，可是他没（　　）我。

三 语言能力检测

12-7 **听对话，选择正确答案**

1. A. 不要紧张　　B. 考不好没关系
   C. 下次会考好吗？　　D. 谁考得特别好？

2. A. 女儿大了就会感谢你　　B. 女儿生气是因为她太小
   C. 女儿太不懂事了　　D. 女的管女儿管得太多了

13 一则钟表修理广告

畅所欲言

1. 请模仿例子，为下列词语选择合适的搭配。

修理　　免费　　对待　　不论　　赔　　排

远近　　修表　　钟表　　队　　钱　　顾客

2. 什么是“天上掉馅儿饼”？你的母语里有没有相似的说法？试着用汉语说一说。

3. 你认为下面哪一项是“天上掉馅儿饼”的事？跟同学讨论一下，看看你们的看法是否一样。如果不一样，请说说你的理由。

买一送一（　　）　　买电脑送手机（　　）　　免费修理自行车（　　）

满一百返二十（　　）　　中大奖（　　）　　打折（　　）

词语学习

13-1

1	zhōngbiǎo	钟表	名	clock
2	shìbīng	士兵	名	soldier
3	zhànchǎng	战场	名	battlefield
4	jiǎnzhí	简直	副	simply, absolutely
5	tiānshang diào xiànrbǐng	天上掉馅儿饼		stroke of luck
6	qíngjǐng	情景	名	scene

7	tónghána	同行	名	people of the same trade or occupation
8	dǎobì	倒闭	动	to close down
9	cháoxiào	嘲笑	动	to laugh at
10	duìdài	对待	动	to treat (someone)
11	gùkè	顾客	名	customer
12	shíshàng	时尚	名	fashion, vogue
13	zhuàn	赚	动	to make / earn (money)
14	míngshēng	名声	名	reputation

专有名词

1	Èrzhàn	二战	World War II
2	Lúndūn	伦敦	London

练 习

一 字义与词义

1. 请仔细品味字义与词义的关系，并完成练习

（1）“嘲笑”的“笑”还可以组成很多词语，比如“开玩笑、微笑、笑话”，试着理解每个词语的意思，并选词填空。

① 别（　　）了，我哪是什么富翁啊，我是月光族。

② 在别人（　　）他的时候，他没有放弃。

③ 如果能听懂汉语的（　　），就说明你的汉语水平又提高了一点儿。

（2）“热”可以组成很多词语，比如“热闹、热心、热情、热爱”，试着理解每个词语的意思，并选词填空。

① 人们常说“（　　）的大街不长草，聪明的脑袋不长毛”，你觉得这话有道理吗？

② 我刚来北京的时候有一天迷路了，一个（　　）人把我送回了学校。

③ 如果你真正（　　）汉语，就不会觉得学汉语很辛苦。

13-2 **2. 请仔细听录音，找出每组句子有什么共同的地方**

第一组：……………………

第二组：……………………

第三组：……………………

第四组：……………………

第五组：……………………

二 听解课文

13-3 **1. 初听全文，回答下列问题**

（1）这是什么时候的故事？

……………………

（2）这家钟表店给什么人“免费”修表？

……………………

（3）这家钟表店最后倒闭了吗？

……………………

13-4 **2. 再听全文，根据课文内容判断正误**

（1）在这家钟表店修表的士兵永远不用付钱。（　　）

（2）在这家钟表店修表的士兵可以得到免费的手表。（　　）

（3）到这家钟表店修表的士兵非常多。（　　）

（4）其他钟表店都很羡慕这家钟表店的做法。（　　）

（5）其他钟表店都以为这家钟表店会倒闭。（　　）

（6）士兵的家属和朋友也能在这家钟表店免费修表。（　　）

（7）这家钟表店卖表的收入超过了修表的费用。（　　）

（8）在这家钟表店修表成为一种时尚。（　　）

（9）拥有一块这家钟表店卖的手表在士兵中成为一种时尚。（　　）

13-5 3. 三听全文

（1）根据课文内容选择正确答案。（可多选）

① A. 战争期间，钟表店只对士兵开放
B. 在这里修表的士兵，可以得到免费的馅儿饼
C. 在这里修表的士兵，可以用较低的价格买一块手表
D. 在这里修表的士兵，可以先不付修理费
E. 在这里修表的士兵，可以用假名字和假地址
F. 在这里修表的士兵，可以不留下名字和地址

② A. 生气　B. 吃惊　C. 高兴　D. 羡慕　E. 担心　F. 学习这种做法

③ A. 相信他们这样做会倒闭　B. 相信他们会赚钱
C. 羡慕他们的做法　D. 相信他们会得到好名声

④ A. 士兵到这家钟表店修表
B. 士兵到这家钟表店买表
C. 士兵的亲朋好友到这家钟表店修表
D. 士兵的亲朋好友到这家钟表店买表
E. 士兵戴这家钟表店卖的手表
F. 全城的人戴这家钟表店卖的手表

⑤ A. 买表送给士兵　B. 修表
C. 对钟表店表示感谢　D. 买表自己戴

⑥ A. 赔钱了　B. 赚钱了　C. 赢得了名声
D. 顾客很多　E. 倒闭了　F. 卖的表比修的表多

（2）根据课文内容填表。（有多余的选项）

A. 买钟表　B. 修钟表　C. 修表时不用马上付修理费
D. 免费送钟表　E. 吃惊　F. 高兴
G. 赚了钱　H. 赔了钱　I. 得到了好名声
J. 得到了坏名声　K. 得到了馅儿饼

钟表店	
其他钟表店	
士兵	
士兵的家人、朋友	A

13-6 4. 边听录音边填空，然后回答问题

（1）尊敬的士兵们：战争时期，如果您的钟表坏了，可以（　　）到本店修理。本店不（　　）姓名、地址，修理费（　　）您从战场上回来后再（　　）。

问：这个钟表店知道不知道哪个士兵修理了钟表？修理费还要吗？什么时候要？

（2）这个广告（　　）在伦敦的英国、法国士兵们（　　），（　　）就是天上掉馅儿饼的好事。

问：在这里，“天上掉馅儿饼”指的是什么？

（3）很快，等待修表的士兵们便在钟表店门前排起了（　　）。

问：括号里的词怎么发音，是什么意思？

（4）看到这么热闹的情景，同行们又（　　）又有些（　　）。因为事情很（　　），那家钟表店肯定会因为“（　　）”修理而倒闭的。

问：同行们为什么吃惊，为什么高兴？

（5）（　　）士兵们感激这家钟表店的做法，（　　）他们的家人、朋友听到这个消息后，（　　），也（　　）跑到这里来买手表送给要上战场的他们。

问：“不论远近”还可以怎么说？

（6）（　　），那家钟表店卖表的收入远远超过修表需要的费用。一则（　　）赔钱的广告，却让那家钟表店既赚了钱，又得到了好名声。

问：“这么一来”指什么？

5. 听老师读一遍课文，有不懂的地方随时问老师

13-7 6. 选词填空

随时　免费　对待　不像……想的那样……　看上去　天上掉馅儿饼

（1）父母（　　）子女，教师（　　）学生，医生（　　）病人，都应该是热心且耐心的。

（2）经常锻炼身体的人（　　）更年轻。

（3）这个招聘会不是（　　）的，是收费的。

（4）他的脾气（　　）我（　　）坏。

要求

1. 请先独立填写答案；
2. 填好后同学之间可以讨论；
3. 最后听录音。

（5）父母应该用平等的态度（　　）自己的孩子。

（6）外出带上手机，可以（　　）和亲人、朋友联系。

（7）北京的许多公园都是（　　）的。

（8）我可不相信（　　）的好事。

（9）这儿的东西（　　）我（　　）便宜。

三 语言能力检测

13-8 听对话，选择正确答案

1. A. 问男的什么地方的饺子好吃　　B. 饺子好吃不好做
   C. 她没听说过哪儿的饺子好吃　　D. 她不喜欢吃饺子
2. A. 不应该担心考试　　B. 现在开始要好好准备
   C. 问女的考试难不难　　D. 问女的准备得怎么样

14 还是回来好

畅所欲言

1. 你了解中国农村吗？你是通过什么方式了解的？
2. 就印象中的农村生活，在你有同感的选项后面画“√”。

A. 鸟语花香，景色优美。（　　）　B. 空气新鲜。（　　）
C. 干活儿很累。（　　）　D. 不能上网。（　　）
E. 生活单调。（　　）　F. 干活儿比较累，收入还行。（　　）
G. 教育水平较低。（　　）　H. 吃的东西健康、便宜。（　　）
I. 其他，请写下来：________________

词语学习

14-1

1	jìyì	记忆	名	memory
2	qīnqi	亲戚	名	relative
3	dú//shū	读书	动	to study, to attend school
4	zhěngtiān	整天	名	whole day
5	mèngxiǎng	梦想	动	to dream
6	cóng…qǐ…	从……起……		from... on, since
7	ǒu’ěr	偶尔	副	occasionally, once in a while
8	bì//yè	毕业	动	to graduate

9	bǎngyàng	榜样	名	example, model
10	yǎngjīchǎng	养鸡场	名	chicken farm
11	cūnmín	村民	名	villager
12	yìlùn	议论	动	to discuss, to talk about
13	fēnfēn	纷纷	形	numerous and confused, profuse
14	yìxīn-yíyì	一心一意	成	wholeheartedly

练 习

一 字义与词义

1. 请仔细品味字义与词义的关系，并完成练习

（1）“当然”的“然”还可以组成很多词语，比如“果然、居然、要不然、虽然”，试着理解每个词语的意思，并选词填空。

① 咱们坐地铁去吧，（　　）可能会迟到。

② 这么重要的会，（　　）要参加。

③（　　）刚学了三个月汉语，但他已经能用汉语问路了。

（2）“记忆”的“记”也可以组成很多词语，比如“记住、忘记、记得”，试着理解每个词语的意思，并选词填空。

① 在我的（　　）中，哥哥一直是我们村学习最好的。

② 我（　　）老师说过，期中考试在十一月的第一周。

③ 这个词的用法你（　　）了吗？

14-2 2. 请仔细听录音，找出每组句子有什么共同的地方

第一组：……………………………………

第二组：……………………………………

第三组：……………………………………

第四组：________________

第五组：________________

二 听解课文

14-3 1. 初听全文，判断课文提到了哪些内容，在括号里画“√”

（1）“我们”家有很多亲戚 （ ）

（2）农村人的梦想是成为城里人 （ ）

（3）哥哥的学习情况 （ ）

（4）哥哥为什么又回到了农村 （ ）

（5）村里人到最后也不认为哥哥的选择是对的 （ ）

14-4 2. 听课文第一部分，判断正误

（1）“我”出生于农村。 （ ）

（2）“我”记得家中所有的亲戚朋友。 （ ）

（3）“我们”村看书最多的是王老师。 （ ）

（4）爸爸妈妈希望“我”和哥哥将来能在城市里生活。 （ ）

（5）“我”和哥哥上学后学习很努力。 （ ）

（6）哥哥学习一直特别好。 （ ）

（7）村里学习好的孩子都是哥哥学习的榜样。 （ ）

14-5 3. 听课文第二部分，选择正确答案

（1）A. 哥哥读书非常辛苦　B. 哥哥毕业后回到了农村
　　C. 哥哥什么话也不说　D. 哥哥鼓励村民们都养鸡

（2）A. 钱挣得不多　B. 哥哥边干边学
　　C. 收益非常好　D. 离家很近

（3）A. 即使不回来工作也要回家看看　B. 他们希望大学生不要忘了农村
　　C. 在农村挣钱不多，处处不方便　D. 哥哥大学毕业还回农村，很傻

（4）A. 现在城里也不好找工作　B. 学了农业，就只能回来了
　　C. 大学生在农村也能有前途　D. 实际上，干什么都差不多

4. 在合适的搭配之间连线

变成	成本
这是我的	孩子
偶尔	失败
办	梦想
收回	城里人
照顾	养鸡场

14-6 5. 边听录音边填空，然后回答问题

（1）我的家在农村。我家人都是农民，我爷爷奶奶是农民，爸爸妈妈还是农民。在我的（　　）中，我们家的（　　）朋友也是农民。

问：用最简单的话说一说这段话是什么意思。

（2）变成城里人，是我和哥哥的（　　），是爸爸妈妈、爷爷奶奶的梦想，也是我们那儿（　　）的梦想。

问：用最简单的话说一说这句话是什么意思。

（3）哥哥大学一（　　）就回了家，办起了养鸡场。村民们都很（　　）：辛辛苦苦读完了大学，为什么不在城市工作，还要回到农村呢？

问：村民们为什么吃惊？

（4）哥哥的养鸡场越办越好，第一年收回了成本，第二年开始（　　）。一些村民也（　　）养鸡场的工人，虽然挣钱不是很多，但不用（　　）很远的地方去找工作，在家就能挣钱，还能照顾家庭、照顾孩子。

问：用最简单的话说一说哥哥的养鸡场的情况。

（5）大家的（　　）慢慢变了，说大学毕业生还是回来好，像哥哥这样的大学生，毕业以后没有忘记农村，比那些读了书就再也（　　）的农村孩子好多了。

问：如今村民们是怎么想的？

6. 听老师读一遍课文，你一定会有不同的收获

14-7 7. 选词填空

整天　不是……就是……　偶尔　要不然　什么……也……

要求
1. 请先独立填写答案；
2. 填好后同学之间可以讨论；
3. 最后听录音。

（1）最近天气特别不好，（　　）刮风（　　）下雨。
（2）我只想随便逛逛，（　　）东西（　　）不想买。
（3）我们得提前买票，（　　）就买不到卧铺了。
（4）我看他（　　）日本人（　　）韩国人，反正不是中国人。
（5）工作很忙的他（　　）回家看看父母，父母就会高兴得像孩子一样。
（6）她（　　）都在忙，可是很快乐。
（7）他最近怎么了？（　　）不高兴。
（8）他以为自己生了大病，结果（　　）事（　　）没有。
（9）肯定是小梅告诉他的，（　　）他怎么知道？
（10）他最近怎么（　　）心事重重的？

三 语言能力检测

14-8 听句子，判断正误

1. 大城市的压力太大，所以不少人选择回到家乡工作生活。（　　）
2. 想法、态度、习惯、性格、人生都可以改变。（　　）
3. 没人相信知识改变命运。（　　）
4. 说话人认为梦想很容易实现。（　　）

15 差　别

畅所欲言

跟同学讨论并表演：怎么跟老板要求涨工资？下面的理由你可以选择使用。

你在公司工作的时间

你都做了哪些工作

你每天按时上班

你的孩子要上学

你的父母身体不好

……

词语学习

15-1

1	chābié	差别	名	difference
2	xīnshui	薪水	名	salary
3	gōngpíng	公平	形	fair
4	huìbào	汇报	动	to report
5	wéizhǐ	为止	动	up to now
6	xiāng	箱	量	box, anything in the shape of a box
7	xīhóngshì	西红柿	名	tomato
8	huíhuà	回话	名	reply

练　习

一 字义与词义

1. 请仔细品味字义与词义的关系，并完成练习

（1）“薪水”的“薪”可以组成很多词语，比如“时薪、日薪、月薪、年薪、工薪族”，试着理解每个词语的意思，并选词填空。

① 你们那儿人的平均（　　）是多少？

②（　　）指有稳定的工作并以工资为主要经济来源的社会阶层。

③ 在这个饭馆打工的最低（　　）是40元。

（2）“回话”的“回”也可以组成很多词语，比如“回答、回忆、回来、回去”，试着理解每个词语的意思，并选词填空。

① 这个问题谁能（　　）？

② 我现在不在家，等（　　）再帮你找。

③ 那次过生日给他留下了愉快的（　　）。

15-2 **2. 请仔细听录音，找出每组句子有什么共同的地方**

第一组：……………………

第二组：……………………

第三组：……………………

第四组：……………………

第五组：……………………

二 听解课文

15-3 **1. 初听课文第一部分，回答下列问题**

（1）小王对什么不满意？为什么？

……………………

（2）老板让小王干什么？

（3）小王去了几次市场？

15-4 2. 再听课文第一部分，说一说

（1）小王完成老板任务的具体情况。

（2）如果你是老板，你对小王的表现满意吗？为什么？

（3）预测一下，同样的任务，小刘会怎么做？

15-5 3. 听课文第二部分，判断正误

（1）小刘买回来了一些菜。（ ）

（2）小刘建议老板也去市场看看。（ ）

（3）小刘觉得那个农民卖的菜质量和价格都不错。（ ）

（4）他们商店的西红柿差不多卖光了。（ ）

（5）小刘建议农民来他们的商店卖菜。（ ）

15-6 4. 听全文

（1）根据课文内容选择：以下哪些事是小王做的？哪些事是小刘做的？哪些事两人都做了？哪些事两人都没做？

A. 小王做了　　B. 小刘做了　　C. 两人都做了　　D. 两人都没做

1	去了一次市场		7	带回来一个土豆	
2	去了三次市场		8	知道西红柿的价格	
3	知道土豆有多少		9	带回来一个西红柿	
4	知道土豆的价格		10	买回来一些西红柿	
5	知道土豆的质量		11	带回来一个农民	
6	买回来一些土豆		12	带回来一些别的蔬菜	

（2）说一说

① 小刘告诉了老板哪些信息？

② 小刘为什么把农民也带回来了？

③ 小刘的薪水为什么比小王高？

④ 假如你就是小王，你还会要求涨工资吗？以后你有什么打算？

5. 听老师读一遍课文，有不懂的地方随时问老师

15-7 **6. 选词填空**

耐心	解释	到……为止	在……看来	公平	肯定

（1）世界上没有绝对的（　　），你只能去适应社会。

（2）（　　）去年（　　），他已经开了五家商店。

（3）这件事怎么跟他（　　）呢？

（4）孩子太吵了，妈妈已经没有（　　）了。

（5）（　　）他（　　），每天能和家人一起吃晚饭是最幸福的。

（6）老板觉得，很难跟他（　　）为什么他的工资那么低。

（7）他在北京生活了五年，汉语（　　）不错。

（8）（　　）学生们（　　），最难的不是考试，而是写论文。

（9）（　　）上个月（　　），我学了三年汉语了。

（10）我们工作的时间一样，可是他的工资比我高得多，真不（　　）。

要求

1. 请先独立填写答案；
2. 填好后同学之间可以讨论；
3. 最后听录音。

三 语言能力检测

15-8 **听句子，判断正误**

1. 房东要涨小明的房租。（　　）
2. 人们希望买的东西质量好，价格便宜。（　　）
3. 世界是公平的。（　　）
4. 我们这儿去年的最低工资是每小时 30 元。（　　）

16 你会怎么选择

畅所欲言

1. 你相信一见钟情吗？为什么？遇到一见钟情的异性，你会做什么？
2. 有没有人给过你很大的帮助，让你特别想报答他？你是怎么报答的？
3. 你帮助过陌生人吗？是怎么帮助的？

词语学习

16-1

1	zǒngcái	总裁	名	president (of a company)
2	bàofēngyǔ	暴风雨	名	storm
3	háohuá	豪华	形	luxurious
4	jiāojí	焦急	形	worried
5	céngjīng	曾经	副	once, formerly
6	mìng	命	名	life
7	bàodá	报答	动	to repay (one's kindness)
8	yíjiàn-zhōngqíng	一见钟情	成	to fall in love at first sight
9	yìxìng	异性	名	opposite sex
10	cuòguò	错过	动	to miss, to fail to seize
11	yíbèizi	一辈子	名	one's whole life
12	zébèi	责备	动	to blame

13	zhōngdiǎn	终点	名	end point
14	sǐwáng	死亡	动	to die
15	fúhé	符合	动	to conform, to meet

练 习

一 字义与词义

1. 请仔细品味字义与词义的关系，并完成练习

（1）“终点”的“点”还可以组成很多词语，比如“优点、缺点、起点、重点”，试着理解每个词语的意思，并选词填空。

① 你不要只批评他的（　　），也要表扬他的（　　），这样他才能进步。

② 这次参观的（　　）是公园南门，终点是北门。

③ 今天学习的（　　）词语有五个。

（2）“报答”的“报”也可以组成很多词语，比如“报名、报到、报告、汇报”，试着理解每个词语的意思，并选词填空。

① 选修课什么时候开始（　　）？

② 他一直想（　　）那位救过他命的医生。

③ 今天下午的（　　）是关于国际关系的。

16-2 **2. 请仔细听录音，找出每组句子有什么共同的地方**

第一组：……………………

第二组：……………………

第三组：……………………

第四组：……………………

第五组：……………………

二 听解课文

16-3 1. 听课文第一部分

（1）根据课文内容选择正确答案。

① A. 一个　　B. 两个　　C. 三个　　D. 四个

② A. 等公共汽车　　B. 打出租车　　C. 等医院的车　　D. 等你的车

③ A. 一个　　B. 两个　　C. 三个　　D. 四个

（2）根据课文内容把下面的信息补充完整。

时间：暴风雨的（　　）

地点：公共汽车站

人物：病得很重的（　　）

救过你命的（　　）

一见钟情的（　　）

情况：你开车路过车站

16-4 2. 听课文第二部分，填表（有多余的选项）

A. 病得很重　B. 受伤了　C. 每个人都会死　D. 不想错过跟他 / 她在一起的机会

E. 报答他　F. 上班要迟到了　G. 他请你帮助他

人物	让他 / 她坐你的车的理由	不让他 / 她坐你的车的理由
老人		
医生		可以以后再报答他
异性		—

16-5 3. 关于课文中的问题，最好的答案是什么？请先填空，然后跟同学讨论一下你填的内容，最后听录音

把车（　　）给医生，让他（　　）老人去医院，我留下来（　　）一见钟情的人（　　）公共汽车。

4. 说说写写

跟同学讨论一下，给这个故事加一个结尾：

第二天，______________________________

____

____

5. 听老师读一遍课文，有不懂的地方随时问老师

16-6 6. 选词填空

亲自　做梦　错过　机会　符合　一辈子　否则

要求
1. 请先独立填写答案；
2. 填好后同学之间可以讨论；
3. 最后听录音。

（1）这是一个学习语言的好（　　），你不要（　　）。
（2）他（　　）都想得到那份工作。
（3）这次面试的题目是老板（　　）出的。
（4）他（　　）了晚上的最后一趟车，只好走路回家。
（5）你应该（　　）去感谢他，而不是只发一封电子邮件。
（6）我（　　）也忘不了那件事。
（7）早点儿走吧，（　　）碰上堵车，会迟到的。
（8）您的条件（　　）我们的要求，您被录取了。
（9）很多人把结婚看成（　　）最重要的事，所以结婚也叫“终身大事”。

7. 延伸练习

（1）关于课文

课文中，只有一个人的答案符合要求，所以他被录取了。你认为这个人在日后的工作中会有什么样的表现？

（2）再学一个词

课文中的三个人都需要坐你的车，可你的车一共只能坐两个人，让谁坐好呢？汉语里有一个短语叫“两难选择”，就反映了这种情况。

你知道“两难选择”的意思吗？先猜一猜，跟同学讨论一下，然后查词典确认。你的母语里有类似的表达吗？如果有，试着用汉语解释一下。

（3）你的故事

你在生活中遇到过类似的事情吗？当遇到很难选择的事情时，你一般怎么做？你会去问谁的意见？为什么？跟同学讲讲你的故事。

三 语言能力检测

16-7 听句子，判断正误

1. 有人后悔没有努力工作。 （ ）
2. 王女士对自己的成功非常满意。 （ ）
3. 有了网络，人们不容易跟朋友失联。 （ ）
4. 说话人觉得他们聊天儿没有意思。 （ ）

17 换一种方式生活

畅所欲言

1. 你去过哪些国家旅行？
2. 如果你现在有经济能力，你最想做什么事？请在括号里画“√”。

旅行（　　）　买房子（　　）　买汽车（　　）　买衣服（　　）
上学（　　）　娱乐（　　）　投资（　　）
其他：________________

词语学习

17-1

1	fāngshì	方式	名	way, mode
2	kèchéng	课程	名	course, curriculum
3	péibàn	陪伴	动	to accompany
4	jìngzhǐ	静止	动	(to be) static, (to be) still
5	gǎnshòu	感受	名	feel
6	lǎogōng	老公	名	husband
7	gèdì	各地	名	various places
8	píngfāngmǐ	平方米	量	square meter
9	fángnú	房奴	名	mortgage slave
10	gāojí	高级	形	high-end

11	diànqì	电器	名	electrical appliances
12	dàikuǎn	贷款	名	loan
13	ánggui	昂贵	形	expensive, costly
14	cǎoyuán	草原	名	grassland
15	míngxīng	明星	名	star, celebrity

专有名词

Fēizhōu	非洲	Africa

练　习

一 字义与词义

1. 请仔细品味字义与词义的关系，并完成练习

（1）“做梦”的“梦”可以组成很多词语，比如“梦想、白日梦、美梦”，试着理解每个词语的意思，并选词填空。

① 祝你（　　）成真！

② 在压力很大的时候，偶尔做一点儿(　　)也不是坏事，这样可以让人放松。

③ 他（　　）都想考上理想的大学。

（2）“贷款”的“款”也可以组成很多词语，比如“付款、收款、还款、罚款”，试着理解每个词语的意思，并选词填空。

① 买房后，他每个月都要还（　　）。

② 现在买什么都可以用手机（　　），人们很少带现金了。

③ A：借钱的反义词是什么呀？

B：当然是（　　）了。

17-2 2. 请仔细听录音，找出每组句子有什么共同的地方

第一组：________________

第二组：________________

第三组：________________

第四组：________________

第五组：________________

二 听解课文

17-3 1. 初听全文，回答下列问题

（1）文章作者是男的还是女的？

____

（2）他们一家人去哪儿旅行了？

____

（3）他们旅行的钱是怎么来的？

____

17-4 2. 再听全文

（1）根据课文内容填表。

① A.“我”　　　　B. 刘爽

A	1	买汽车		4	买衣服
	2	去旅行		5	学习课程
	3	买房子		6	陪伴家人

② A. 以前的“我”　B. 现在的“我”

A	1	住 130 平方米的房子		6	还清了贷款
	2	住 70 多平方米的房子		7	手里有了余钱
	3	用高级的家具		8	生活过得很紧张
	4	用简单的家具		9	有钱去旅行
	5	要还贷款			

（2）用自己的话说一说

① 课文中的“我”以前和现在的生活有什么不同？

② 你更赞成哪种生活方式？

17-5 3. 三听全文

（1）根据课文内容判断正误。

① 大房子让他们成了“房奴”。（ ）

② 他们把大房子换成了小房子，不用还贷款了。（ ）

③ 住在小房子里，生活很紧张。（ ）

④ 把大房子换成小房子后，他们剩下了二十多万块钱。（ ）

⑤ 他们把钱花在旅行上了。（ ）

⑥ 老公做梦去了非洲。（ ）

⑦ 儿子的同学都很羡慕他。（ ）

（2）根据课文内容回答问题。

①“我”为什么决定把大房子换成小房子？

②“我”觉得花钱买东西和花钱做事，哪个更值得？

4. 把词语和它们的意思连起来，然后用这些词语填空

昂贵	因为买房子还贷款而使生活变得艰难的人
贷款	非常贵
房奴	向银行借钱
紧张	幻想，好像不是真的
做梦	钱不富裕
观念	看法、想法

他买了房子，每个月要还银行的（ ），生活很（ ）。所以他从来不敢买（ ）的家具和衣服，也不敢随便换工作。他（ ）都想早点儿还清（ ），不再当“（ ）”。后来，他改变了住房（ ），决定卖掉房子，租房子住。

5. 听老师读一遍课文，有不懂的地方随时问老师

17-6 6. 选词填空

观念　换　差不多　卡奴　剩下

要求

1. 请先独立填写答案；
2. 填好后同学之间可以讨论；
3. 最后听录音。

（1）人们的收入增加了，消费（　　）也开始改变。

（2）一次次的失败（　　）来了宝贵的经验。

（3）作业我已经做了一半，（　　）的明天做。

（4）这两种水果的口感（　　），只是这种稍甜一点儿。

（5）短短两年内，他（　　）了好几个工作。

（6）他来中国（　　）两年了，汉语说得越来越好。

（7）“男主外，女主内”是老（　　），应该改改了。

（8）我一张信用卡也不办，绝对不做“（　　）”！

三 语言能力检测

17-7 听句子，判断正误

1. 说话人很喜欢旅行。（　　）
2. 他最大的爱好是跑步。（　　）
3. 他喜欢买汽车。（　　）
4. 涨工资、换大房子并不会让我们高兴。（　　）

18 为了一个梦

畅所欲言

1. 关于“打工者”，你都了解什么？
2. 在大城市，打工者常常做下面哪些工作？

回收废品　卖菜　清洁工　保姆　小时工　建筑工人　出租司机　保安
售货员　服务员　工人　厨师　公司职员　学校老师　政府公务员

词语学习

18-1

1	jítā	吉他	名	guitar
2	pǔtōnghuà	普通话	名	Mandarin Chinese
3	yǎba	哑巴	名	dumb person
4	chūzhōng	初中	名	junior high school
5	chīlì	吃力	形	strenuous
6	shúliàn	熟练	形	skillful, proficient
7	jiǔbā	酒吧	名	bar (room)
8	xìngyùn	幸运	形	lucky
9	diào	调	动	to transfer
10	qiántái	前台	名	reception, front desk
11	yuángù	缘故	名	reason

12 zhēnxī	珍惜	动	to cherish
13 xiǎofèi	小费	名	tip (money)
14 bàokǎo	报考	动	to sign up for an examination
15 lǐxiǎng	理想	名	ideal

练 习

一 字义与词义

1. 请仔细品味字义与词义的关系，并完成练习

（1）“吃力”的“吃”还可以组成很多词语，比如“吃香、吃苦、吃亏、吃惊”，试着理解每个词语的意思，并选词填空。

① 前几年，学计算机的特别好找工作，现在计算机专业还（　　）吗？

② 这个工作的要求就是能（　　），出差、加班是经常的。

③ 刚开始看汉语新闻，觉得很（　　），看多了，就不觉得难了。

（2）“费”也可以组成很多词语，比如“小费、网费、消费、免费、学费”，试着理解每个词语的意思，并选词填空。

① 现在有不少（　　）的电子词典。

② 在你们国家，去饭馆吃饭要给（　　）吗？

③ 大学的（　　）一年大概多少钱？

18-2 **2. 请仔细听录音，找出每组句子有什么共同的地方**

第一组：……

第二组：……

第三组：……

第四组：……

第五组：……

二、听解课文

18-3 1. 初听全文，然后看看下面哪些话是对的，在括号里画“√”

（1）“我”现在在北京打工。（ ）

（2）“我”是学生。（ ）

（3）“我”不会说话。（ ）

（4）“我”开了一个酒吧。（ ）

（5）“我”喜欢弹吉他。（ ）

18-4 2. 再听全文，根据课文内容选择正确答案

（1）A. 不喜欢工作　B. 学历太低　C. 不会普通话　D. 工厂要求高

（2）A.“我”普通话不好　B.“我”不知道菜的名字　C.“我”不爱说话　D.“我”是个哑巴

（3）A. 技术工人　B. 洗杯子　C. 服务员　D. 收小费

（4）A.“我”不会说普通话　B.“我”想学习音乐　C.“我”没有收小费　D.“我”让客人失望

（5）A. 挣一笔钱　B. 学习音乐　C. 开酒吧　D. 回老家

18-5 3. 三听全文

（1）根据课文内容判断正误。

①“我”没上过高中。（ ）

② 刚来北京时，“我”不习惯北京的饭菜。（ ）

③ 在酒吧工作时，“我”摔坏了一个杯子。（ ）

④ 在酒吧当服务员很不容易。（ ）

⑤ 老板说，不应该收客人的小费。（ ）

⑥“我”没有收小费，同事们认为“我”很傻。（ ）

⑦“我”在北京待了两年了。（ ）

（2）根据课文内容完成下面的练习。

“我”在工厂和酒吧都打过工，下面哪些事是在工厂发生的，哪些事是在酒吧发生的？“我”对这些事有什么感觉？（有多余的选项）

A. 工厂　　B. 酒吧

（ A ）不会说普通话	非常小心
（　）成了熟练的工人	很高兴
（　）学习技术	很吃力
（　）洗杯子	不好意思
（　）当服务员	很珍惜
	很失望

4. 听老师读一遍课文，你一定会有不同的收获

5. 在合适的搭配之间连线

告别	玩笑
严格	干活儿
开	理想
收	训练
实现	父母
拼命	小费

18-6 **6. 选词填空**

告别　笑话　吃力　说不出的　拼命　不准　理想

（1）室内（　　）抽烟，厕所里也不行。

（2）我的（　　）就是过不一样的生活。

（3）三年前，我（　　）家人来到中国留学。

（4）运动会上，他（　　）地跑，最后得了第一名。

（5）您（　　）我上网，也（　　）我看电视，我的生活也太没意思啦！

要求

1. 请先独立填写答案；
2. 填好后同学之间可以讨论；
3. 最后听录音。

（6）刚开始工作时，他感到很（　　），熟悉了以后就好了。

（7）我不喜欢唱卡拉 OK，唱得不好，别人会（　　）我的。

（8）他想换工作，父母（　　）反对。

（9）看到我在路边捡回来的小猫越来越健康、可爱，我心里有（　　）高兴。

三 语言能力检测

18-7 听句子，判断正误

1. 带“吃”字的词，都跟吃饭没关系。（　　）
2. 说话人觉得给人小费很心疼。（　　）
3. 说话人认为父母不应该什么都管。（　　）
4. 做自己爱好的事，能让人更健康。（　　）

19 健身三人谈

畅所欲言

1. 填写下面的调查表，在符合你的情况的选项后面画“√”。

你去健身房吗？		
每天都去（　　）	常常去（　　）	有时候去（　　）
很少去（　　）	从来不去（　　）	
从来不去，因为：		
不喜欢（　　）	太贵了（　　）	
其他：________		

2. 下面这些词语都跟健身有关系，说说它们是什么意思。

健身操　健身房　健身器　健身方法　健身俱乐部　健身卡

3. 你用什么方法健身？跟同学说一说。

4. 把你刚从同学那里了解到的健身方法写下来：

____

词语学习

19-1

1	jiànshēn	健身	动	to keep fit
2	yìshí	意识	名	awareness
3	bèidòng	被动	形	passive
4	jiǎn//féi	减肥	动	to lose weight
5	jiéshí	节食	动	to be on a diet

6	míngxiǎn	明显	形	obvious
7	shēncái	身材	名	stature, figure
8	miáotiao	苗条	形	slim
9	zìxìn	自信	形	confident
10	tǐhuì	体会	名	awareness, understanding
11	fèiyong	费用	名	cost, expense, charge
12	lǎobǎixìng	老百姓	名	ordinary people
13	shōurù	收入	名	income
14	miǎn//fèi	免费	动	to be free (of charge)

练 习

一 字义与词义

1. 请仔细品味字义与词义的关系，并完成练习

（1）“健身”还可以组成以下短语：健身操、健身房、健身器、健身卡、健身服。选择合适的词语填空。

① 我办了一张（　　），打算一周去三次。

② 跳（　　）还不够，最好增加一些力量训练。

③ 如果觉得去（　　）麻烦，可以使用小区的（　　），效果一样。

（2）“自信”的“信”可以组成很多词语，比如“相信、信心、信用卡”，试着理解每个词语的意思，并选词填空。

① 即使特别（　　）的人，有时也可能会不自信，比如担心给别人留下不好的印象。

② 我对你很有（　　），这次比赛你即使不得第一，也会是第二。

③（　　）我，你穿这件衣服绝对漂亮。

19-2　2. 请仔细听录音，找出每组句子有什么共同的地方

第一组：________________

第二组：________________

第三组：________________

第四组：________________

第五组：________________

第六组：________________

二　听解课文

19-3　1. 初听全文，回答下列问题

（1）课文中一共有几个人说话？几个男的？几个女的？

____

（2）他们说的是什么话题？

____

（3）丽丽的健身方法是什么？

____

（4）晓敏用什么方法健身？

____

19-4　2. 听课文第一部分

（1）根据课文内容选择正确答案。

① A. 因为工作太忙　　B. 因为花钱太多

C. 因为不喜欢运动　　D. 因为要提前起床

② A. 去健身房　　B. 跳健身操

C. 游泳　　D. 走路或者骑车

（2）根据课文内容判断正误。

① 丽丽工作以后才开始健身。　（　）

② 丽丽不能坚持去健身房和游泳，是因为花钱太多。 （ ）

③ 丽丽每天走半小时路去上班。 （ ）

④ 丽丽认为健身不一定要花钱。 （ ）

⑤ 丽丽不喜欢运动，所以不能坚持去健身房健身。 （ ）

19-5 3. 听课文第二部分

（1）根据课文内容判断正误。

① 晓敏以前认为，只要身体好，就不需要健身。 （ ）

② 晓敏为了减肥才去跳健身操。 （ ）

③ 晓敏只跳了几个月健身操。 （ ）

④ 晓敏跳健身操以后，工作更忙了。 （ ）

⑤ 晓敏跳了健身操才收到了减肥的效果。 （ ）

⑥ 晓敏每天都去跳健身操。 （ ）

⑦ 晓敏认为跳健身操的费用太高。 （ ）

（2）根据课文内容选择正确答案。

① A. 能有好心情　　B. 变得瘦一些
　C. 更好地工作　　D. 调节好情绪

② A. 吃药　　B. 节食
　C. 跳健身操　　D. 游泳

③ A. 每天一次　　B. 每周一次
　C. 每周两三次　　D. 每月两三次

④ A. 经济条件不允许　　B. 免费健身器挺好
　C. 大家工作都挺忙　　D. 大家认为没必要

（3）根据课文内容，在男的的观点后画“√”。

① 健身是不必要的。 （ ）

② 不吃饭对身体不好。 （ ）

③ 现在健身的价格只占收入的 5%。 （ ）

④ 健身价格应该低于收入的 5%。 （ ）

⑤ 免费健身器不如健身房好。 （ ）

4. 听老师读一遍课文，你一定会有不同的收获

19-6 5. 选词填空（有多余的词）

认识到 健身 提前 用不着 也不能 值得 再 免费

要求

1. 请先独立填写答案；
2. 填好后同学之间可以讨论；
3. 最后听录音。

（1）他已经是大人了，（ ）为他担心。

（2）这么大的变化，（ ）我们重视。

（3）即使工资（ ）低，他都愿意在那儿待下去。

（4）以前人们说的“锻炼身体”，就是现在的“（ ）”。

（5）我（ ）一个人住这么大的一套房子呀。

（6）环境污染使人们（ ）保护环境的重要性。

（7）春节回家买火车票，排一天队也是（ ）的。

（8）（ ）累的活儿，也得有人干。

（9）从明天开始，我要（ ）半小时起床，这样就不会迟到了。

6. 谈一谈

（1）你去过中国的健身房吗？那里的设施怎么样？费用怎么样？

（2）你认为中国人常见的健身方式有哪些？在你们国家呢？

7. 小调查

调查班里同学的健身方式及相关情况，然后记录下来。

调查项目	被调查人姓名			
健身方式				
健身地点				
健身频率（每周）				
健身费用				

三、语言能力检测

19-7 听句子，判断正误

1. 吃完饭以后不应该马上休息。 （ ）
2. 很多人不能坚持健身是因为没有合适的衣服。 （ ）
3. 减肥要从跑步开始。 （ ）
4. 说话人建议人们多看电视。 （ ）

20 我为什么不能叫曹操

畅所欲言

1. 根据名字说一说他们是哪国人。

张艺谋　　村上春树　　诸葛亮　　马可 · 波罗

诺贝尔　　爱因斯坦　　莎士比亚　　乔治 · 布什

2. 你知道哪些中国古代名人？查一查曹操、李白、诸葛亮分别是什么人。
3. 你有没有中文名字？是谁给你起的？你的名字有什么含义吗？

词语学习

20-1

1	pèifú	佩服	动	to admire
2	wǎngyǒu	网友	名	netizen
3	míngrén	名人	名	celebrity
4	zǒngtǒng	总统	名	president (of a republic)
5	gēnjù	根据	介	according to
6	jiéhé	结合	动	to combine, to integrate
7	zǒnglǐ	总理	名	prime minister
8	jiěfu	姐夫	名	brother-in-law, older sister's husband
9	nào xiàohua	闹笑话		to make a fool of oneself
10	dìdao	地道	形	authentic, genuine

11	shén	神	名 / 形	god; magical
12	qiánglìè	强烈	形	strong, intense
13	zìkuā	自夸	动	to boast

练 习

一 字义与词义

1. 请仔细品味字义与词义的关系，并完成练习

（1）“名字”的“名”可以组成很多词语，比如“名人、名校、名片、名牌、有名”，试着理解每个词语的意思，并选词填空。

① 父母希望他能进（　　），而不是普通大学；毕业以后，进（　　）的公司，而不是一般公司。

② 他是我们学校的（　　），没有人不知道他。

③ 他开（　　）车，穿（　　）衣服，自己觉得挺不一般的，别人可不这么看。

（2）“自夸”的意思是“自己夸自己”，“自”还可以组成很多词语，比如“自私、自费、自信、自动、自助”，试着理解每个词语的意思，并选词填空。

① 以前有很多人公费留学，现在（　　）留学生越来越多了。

② 人工客服工作时间为 8 点到 20 点，其他时间您可以选择（　　）服务。

③ 你可以在（　　）售货机上买各种饮料和小吃。

20-2 **2. 请仔细听录音，找出每组句子有什么共同的地方**

第一组：________

第二组：________

第三组：________

第四组：________

第五组：________

二 听解课文

20-3 1. 初听全文，选择正确答案

（1）A. 起中文名字　B. 中国古代名人　C. 外国现代名人

（2）A. 和名人重名的问题　B. 怎样给姐夫起名　C. 父子重名的问题

（3）A. 感到吃惊　B. 感到奇怪　C. 不能接受

20-4 2. 再听全文，根据课文内容判断正误

（1）曹操和李白都是中国古代名人。（　）

（2）中国网友认为，美国人叫曹操是对中国文化的不尊重。（　）

（3）在美国，儿子和爸爸可以有一样的名字。（　）

（4）在中国，人们喜欢用古代名人的名字当自己的名字。（　）

（5）给外国人起中文名字，必须要有中国姓。（　）

（6）中国人喜欢有过于自夸意思的名字。（　）

（7）美国曹操在老师的建议下改了名字。（　）

20-5 3. 三听全文，根据课文内容选择正确答案

（1）A. 陆克文　B. 曹操
　　C. 王中王　D. 神

（2）A. 发音比较奇怪　B. 用了名人的名字
　　C. 用的汉字不对　D. 对别人不尊重

（3）A. 根据他们父母的名字　B. 根据他们自己名字的意思
　　C. 根据他们自己名字的发音　D. 根据他们自己名字的发音和意思

（4）A. 王中王　B. 杰夫
　　C. 好厉害　D. 神

（5）A. 类似中国古代名人的名字　B. 发音跟自己的名字一样
　　C. 符合中国起名规则的名字　D. 意思跟自己的名字一样

4. 听老师读一遍课文，有不懂的地方随时问老师

5. 说一说

（1）你有没有中文名字？它是根据发音还是根据意思起的？

（2）“我有一些学生，他们的名字非常中国，从名字上看不出来是外国人。”你认为这句话中的“非常中国”是什么意思？请说出几个“非常中国”的名字。

20-6 6. 选词填空

当　根据　管……叫……　建议

要求
1. 请先独立填写答案；
2. 填好后同学之间可以讨论；
3. 最后听录音。

（1）学校的学生卡也可以（　　）公交卡用吗？
（2）我（　　）你下载一个手机 APP，这样买火车票就容易了。
（3）我们是（　　）成绩分班的，不是（　　）国家分班。
（4）我常常把手机（　　）电脑用，把电脑（　　）电视用。
（5）我们（　　）学习成绩特别好的学生（　　）“学霸”。
（6）中国人一般（　　）朋友的父母（　　）叔叔、阿姨。

7. 延伸练习

（1）Coca-Cola 曾经被翻译为“口渴口辣”，现在叫“可口可乐”，请你分析一下这两个翻译哪个好。
（2）举例说明你们国家名人的名字在中文中叫什么，你觉得是根据发音还是根据意思翻译的。
（3）如果你需要给自己起一个地道的中文名字，你想叫什么？

三 语言能力检测

20-7 听对话，选择正确答案

1. A. 男的不是医生　　B. 男的不是老师
   C. 男的是医生的老师　　D. 男的很尊重老师
2. A. 起名字的习惯也有文化差异　　B. 西方人的名字都是姓在后边
   C. 中国人比西方人更爱家庭　　D. 中国人全家都有一样的姓

21 德国丈夫中国妻

畅所欲言

1. 你认识拥有跨国婚姻的夫妻吗？你觉得这样的夫妻有没有文化冲突？
2. 你来中国以后，有没有遇到文化冲突？
3. 你知道什么是“跨国公司”吗？

词语学习

21-1

1	kuàguó	跨国	动	to be transnational
2	lǚfèi	旅费	名	travelling expenses
3	lǎowài	老外	名	(*playfully*) foreigner
4	jùhuì	聚会	名	party, get-together
5	miànzi	面子	名	face, dignity
6	jiànwài	见外	形	regarding sb. as an outsider
7	kànbuguàn	看不惯		cannot stand, to frown upon
8	tuányuán	团圆	动	to have a reunion
9	zhōngtú	中途	名	halfway
10	jiā//yóu	加油	动	to refuel
11	huà shuō huílai	话说回来		on the other hand, however
12	měidé	美德	名	virtue
13	hùbǔ	互补	动	to complement each other

14	lǎnde	懒得	动	not to feel like (doing sth.)
15	fēngsú	风俗	名	custom

专有名词

Shèngdàn Jié	圣诞节	Christmas

练　习

一 字义与词义

1. 请仔细品味字义与词义的关系，并完成练习

（1）“面子”可以组成下面这些短语：爱面子、丢面子、没面子。选择合适的词语填空。

① 有人说中国人特别（　　），我觉得因人而异。

② 做错了事，向别人道歉，并不（　　）吧。

③ 有的孩子下棋只能赢，不能输，输了就觉得（　　）。

（2）“聚会”的“会”还可以组成其他词语，比如“约会、开会、会议”，试着理解每个词语的意思，并选词填空。

① 我最近参加了一次小学同学（　　），大家的变化都很大。

② 明天下午（　　），你把会议资料整理一下。

③ 你还记得跟女朋友的第一次（　　）吗？

21-2 **2. 请仔细听录音，找出每组句子有什么共同的地方**

第一组：________________

第二组：________________

第三组：________________

第四组：________________

第五组：________________

二 听解课文

21-3 1. 初听全文，回答下列问题

（1）对话中一共有几个人？他们分别是谁？

____

（2）丈夫和妻子分别是哪国人？

____

（3）对话中的丈夫和妻子相爱吗？

____

21-4 2. 再听全文，根据课文内容判断正误

（1）丈夫来北京只是为了学习中文。（　　）

（2）他们结婚快十年了。（　　）

（3）妻子认为跟家里人不用道歉。（　　）

（4）妻子觉得自己没错，所以不道歉。（　　）

（5）因为丈夫的爸爸正在减肥，他们春节只吃了汤和牛肉。（　　）

（6）妻子跟朋友开车出去玩儿时，没有事先给车加油。（　　）

（7）丈夫不满意妻子太懒。（　　）

（8）妻子认为一切都讲计划不一定好。（　　）

（9）丈夫和妻子都很喜欢运动。（　　）

（10）妻子是教中国历史、艺术的老师。（　　）

21-5 3. 三听全文

（1）根据课文内容选择正确答案。

① A. 为了学习中国文化　B. 为了去中国旅游方便

C. 为了让爸爸出旅费　D. 为了跟中国姑娘结婚

② A. 德国的学校　B. 爬山的途中

C. 朋友的聚会上　D. 中文课上

③ A. 不爱干活儿　B. 从来不认错

C. 吃得太多　D. 常常让朋友等她

④ A. 什么都按计划办　B. 过节的饭不丰富

C. 经常让她道歉　　D. 不给汽车加油

⑤ A. 她认为自己没错　　B. 她认为不必跟家人认错

C. 她认为道歉太丢面子　　D. 她认为小事不用说“对不起”

⑥ A. 丈夫的爸爸在减肥　　B. 他们不重视圣诞节

C. 父母对他们不太热情　　D. 这是德国的传统

⑦ A. 无所谓　　B. 很不好

C. 不好意思　　D. 是应该的

（2）根据课文内容填表。（有多余的选项）

A. 做错了事不道歉　　B. 什么都按计划办　　C. 耐心

D. 喜欢运动　　E. 不事先做准备　　F. 在减肥

人物	缺点	优点
妻子		
丈夫		

（3）根据课文内容回答问题。

① 丈夫和妻子各有什么优点和缺点？他们的分歧是东西方的差异还是个人性格差异造成的？

② 你觉得跟家人有必要道歉吗？

③ 你觉得什么都按计划办好不好？请举例说明。

4. 听老师读一遍课文，有不懂的地方随时问老师

21-6 **5. 听录音复述句子，然后回答问题**

（1）问：这句话是什么语气？满意还是不满意？

（2）问：说话人认为事情严重不严重？

（3）问：从说话人的语气来看，这在中国可能还是不可能？

（4）问：说话人认为，中途给车加油的事严重不严重？

（5）问：说话人认为这是不是美德？

21-7 6. 选词填空

谁/什么/哪儿都……，就是…… 面子
看不惯 不就得了 懒得 话说回来

要求
1. 请先独立填写答案；
2. 填好后同学之间可以讨论；
3. 最后听录音。

（1）你们去（ ）行，（ ）不许到这儿来。
（2）这次没考好，以后好好学习（ ）？
（3）（ ）特别忙，（ ）他不忙。
（4）为了不丢（ ），他花了一个月的工资请客。
（5）他（ ）年轻人整天上网玩儿游戏。
（6）5点就起床，太早了吧？不过，（ ），不这么早也不行。
（7）你做错了，跟他道个歉（ ）。
（8）他对（ ）的一切都会批评。
（9）不少孩子觉得父母太唠叨，什么事都（ ）跟父母说。
（10）（ ）知道，（ ）他不知道。
（11）累了一天，（ ）做饭，就吃方便面吧。

三 语言能力检测

21-8 听对话，选择正确答案

1. A. 女的不可能每天去健身　　B. 可以从每周健身一次开始
　C. 把健身当成任务就可以　　D. 需要有压力才能坚持下去
2. A. 说不说“对不起”要看关系远近　　B. 中国人经常说“对不起”
　C. 没有犯错误的时候不用道歉　　D. 中国人不喜欢道歉

22 别老给我发语音

畅所欲言

1. 下面是跟微信有关的一些词语，请你挑几个说一说它们怎么用。

微信号	微信名片	聊天儿记录	微信群	扫一扫	二维码
微信钱包	微信支付	好友	加好友	朋友圈	关注
点赞	相册	语音	视频	聊天儿	小程序
表情包					

2. 你常用微信的哪些功能？有什么满意或者不满意的地方？

例如：聊天儿、打电话、支付、传文件、小程序……

词语学习

22-1

1	wēixìn	微信	名	WeChat
2	chúfēi	除非	连	unless, only if
3	míngpiàn	名片	名	name card
4	yǐnsī	隐私	名	privacy
5	dǎ zhāohu	打招呼		to notify, to greet
6	lǐmào	礼貌	形	polite
7	tíqián	提前	动	to be in advance
8	qún	群	名	group
9	tuì	退	动	to withdraw

10	xiāoxi	消息	名	message
11	miǎn	免	动	to avoid

练 习

一 字义与词义

1. 请仔细品味字义与词义的关系，并完成练习

（1）“一群人”的“群”是量词，今天我们常说“微信群”，这时候“群”就是名词了。下面这些词语中的“群”就是“微信群”的“群”，比如“建群、群聊、班群、家长群、新生群、群主、进群、拉进群、退群”，试着理解每个词语的意思，并选词填空。

① 在开始上课以前，咱们先建一个（　　）。来，大家扫码（　　）。

② 你在（　　）里吗？能不能把我（　　）？

③ 他跟（　　）吵架，后来（　　）了。

（2）微信有一个功能叫“消息免打扰”，其中的“免”还可以组成很多词语，比如“免费、免税、免洗、免考”，试着理解每个词语的意思，并选词填空。

① 天下没有（　　）的午餐。

② 他通过了 HSK 六级，可以（　　）进入大学学习。

③ 去国外旅行，可以在机场（　　）店买到便宜的东西。

22-2 **2. 请仔细听录音，找出每组句子有什么共同的地方**

第一组：..

第二组：..

第三组：..

第四组：..

第五组：..

二 听解课文

22-3 1. 初听全文，回答下列问题

（1）课文讨论了什么问题？

____

（2）请说出课文中人物的一两个观点。

____

（3）你同意不同意课文中人物的观点？

____

22-4 2. 再听全文，根据课文内容判断正误

（1）课文提到了语音和文字两种发微信的方法。（　　）

（2）发语音的人，常常忘了自己说过什么。（　　）

（3）男的认为，只有男女朋友才可以发语音。（　　）

（4）课文中，不喜欢别人问“在吗”的理由是这样问是浪费时间。（　　）

（5）别人问“在吗？”时，男的都会回答“不在”。（　　）

（6）最好是对方同意以后，再把他的微信名片给其他人。（　　）

（7）人们的微信名和真名都不一样。（　　）

（8）进了微信群，就不能退出。（　　）

（9）男的不好意思退群是因为群里有不少认识的人。（　　）

（10）留在群里，也可以不被消息打扰。（　　）

22-5 3. 三听全文，根据课文内容选择正确答案

（1）A. 打电话　　B. 微信名片
　　C. 微信群　　D. 语音聊天儿

（2）A. 发语音容易忘了前边的　　B. 文字需要看的时候容易找到
　　C. 每条语音时间太短　　D. 收语音感觉有压力

（3）A. 直接给他小王的微信名片　　B. 把小王的手机号告诉小张
　　C. 建一个群，把他们都拉进群　　D. 小王同意后，把他的名片给小张

（4）A. 直接打电话　　B. 发微信语音
　　C. 进微信群找他　　D. 发微信文字

（5）A. 别人不会给你发消息　　B. 别人的消息在群里看不到
C. 有新消息不再通知你　　D. 你自己无法在群里发消息

4. 说一说

（1）课文中说：

A：在把别人的微信名片给其他人以前，最好先跟本人打个招呼，人家同意以后再给。

B：别人同意加你好友以后，你要先跟对方打招呼，介绍一下自己。

这两个“打招呼”意思一样吗？如果一样，它们是什么意思？如果不一样，它们分别是什么意思？

请根据以下场景用“打招呼”说一句话：你想带朋友听一次你们班的口语课，你会怎么做？

（2）为什么被拉进微信群，男的觉得“说话也不好，不说话也不好”？“说话”和“不说话”分别有什么不好的？

“A也不好，不A／B也不好”，可以说是“两难选择”，你有没有遇到过这样的情况？请说一说你的经历。

（3）课文中说，“如果群里有很多认识的人，退群的话不太好意思啊，他们会不会觉得我不喜欢他们呀？”你想对这个不好意思退群的人说些什么？

22-6 **5. 选词填空**

打（个）招呼　随便　免　打扰　能……就……
提前　一……就是……　A也不好，不A／B也不好

要求
1. 请先独立填写答案；
2. 填好后同学之间可以讨论；
3. 最后听录音。

（1）他喜欢打球，（　　）打（　　）几个小时。

（2）（　　）写汉字（　　）不要写拼音，这样才能认识更多的字。

（3）劳驾问下，可以（　　）多少天买火车票？
（4）如果你买的东西在 100 块以上，就可以（　　）邮费。
（5）我先跟他（　　），问他愿意不愿意加你微信。
（6）有人微信问我“在吗”，我说“在”（　　），说“不在”（　　）。
（7）这件事很重要，（　　）写邮件（　　）别发微信。
（8）我没有准备，就（　　）说几句，想到哪儿说到哪儿。
（9）他说只讲几句话，没想到（　　）说（　　）半个多小时。
（10）在地铁或者公交车上大声打电话，对别人是一种（　　）。

6. 延伸练习

（1）微信的功能很多，你用得最多的是什么功能？你希望微信还有什么功能？
（2）如果你发了一个消息，然后发现有错误，你会怎么做？请用汉语跟同学说一下。

三 语言能力检测

22-7 听对话，选择正确答案

1. A. 网络信号不好　　B. 可能正在开会
   C. 他当时有急事　　D. 接听语音不方便
2. A. 好朋友不让她退群　　B. 没浪费时间
   C. 有的消息对她来说有用　　D. 她正打算退群

23 会打字不会写字

畅所欲言

1. 你给家人、朋友写信通常用什么方式，是手写、用电脑打印，还是用电子邮件？说说你的理由。
2. 在使用电脑时，你用中文输入法吗？用哪种中文输入法？你觉得用起来方便吗？
3. 下面这几个词语，如果用电脑打出来，你最少需要打哪些字母，请写下来。

   不知不觉______　想方设法______　无论如何______

   一见钟情______　讨价还价______
4. 对你来说，写字和打字哪个更快、更准确？

词语学习

23-1

1	dǎ//zì	打字	动	to type, to keyboard input
2	dǎyìn	打印	动	to print
3	wénjiàn	文件	名	file
4	jiùsuàn	就算	连	even if
5	qīnbǐ	亲笔	副	(to write) in one's own hand
6	cuòbiézì	错别字	名	wrongly-written character
7	línshí	临时	副/形	temporarily; temporary
8	duǎnxìn	短信	名	text message, SMS
9	suízhe	随着	介	(along) with

10	pǔjí	普及	动	to become popular
11	xiàjiàng	下降	动	to decline
12	shūrù	输入	动	to input
13	zìmǔ	字母	名	letters of an alphabet, letter
14	zhǔnquè	准确	形	accurate
15	zú	族	后缀	group of people with common features

专有名词

Zhōngqiū Jié	中秋节	Mid-Autumn Festival

练　习

一　字义与词义

1. 请仔细品味字义与词义的关系，并完成练习

（1）“字”可以组成很多词语，比如“打字、写字、认字、错别字、简化字、繁体字、提笔忘字”，试着理解每个词语的意思，并选词填空。

① 有人说，学习汉字，会（　　）就可以了，不用学习（　　），反正现在都用电脑。

② 这是（　　）的“爱”，这是（　　）的“愛”。

③ 为了少写（　　），要多读、多认、多写汉字。

（2）“亲笔”的“亲”也可以组成“亲手、亲口、亲耳”等词语，试着理解每个词语的意思，并选词填空。

① 这是我（　　）听他说的，肯定不会有问题。

② 你多久没有（　　）给家人做饭了？

③ 收到孩子的（　　）信，我们特别高兴。

23-2 **2. 请仔细听录音，找出每组句子有什么共同的地方**

第一组：______

第二组：______

第三组：______

第四组：______

第五组：______

第六组：______

二 听解课文

23-3 **1. 初听课文第一部分，然后选择正确答案**

（1）课文提到了以下哪几个例子？在括号里画“√”。

A. 张小姐给父母写信，父母生气了。（ ）

B. 王先生的女儿从国外寄来了亲笔信。（ ）

C. 王先生给女儿回信，笔都是临时买的。（ ）

D. 刘先生考试时发现离开电脑不会写字了。（ ）

（2）A. 怎么用电脑　　B. 怎么写汉字

C. 电脑打字很方便　　D. 很多人会打字不会写字

23-4 **2. 再听课文第一部分，根据课文内容，把人和事联系起来（有的选项可以填多次，有的选项是多余的）**

A. 用电脑打印了一封信　　B. 手写了一封信

C. 用手机查字，然后照着写　　D. 用电脑发了一个电子贺卡

E. 写的信中有很多错别字　　F. 临时买写字的笔

G. 很多字忘了怎么写

人物	做了什么事
张小姐	
王小姐（王先生的女儿）	
刘先生	

23-5 3. 三听课文第一部分

（1）根据课文内容判断正误。

① 张小姐给父母写信，祝他们生日快乐。（ ）

② 父母收到张小姐用电脑打印的信，很失望。（ ）

③ 张小姐把公司的文件发给了父母。（ ）

④ 张小姐的钢笔字写得不好，所以用电脑打印了这封信。（ ）

⑤ 王先生的女儿很少用笔写字。（ ）

⑥ 王先生的女儿不会中文。（ ）

⑦ 王先生女儿的同学和她一样，很多字不会写。（ ）

⑧ 刘先生喜欢用手机发短信。（ ）

⑨ 刘先生考试的时候用电脑打字。（ ）

（2）根据课文内容选择正确答案。

① A. 她的钢笔字太难看　　B. 她的信是一份文件

　C. 打印的信不够亲切　　D. 她的信父母看不懂

② A. 信不是用笔写的　　B. 信里有很多错字

　C. 女儿的字不好看　　D. 女儿的字看不懂

③ A. 法律考试　　B. 用笔写字

　C. 用电脑打字　　D. 用手机查字

23-6 4. 初听课文第二部分，听后选择这部分课文提到了哪些内容，在括号里画“√”（可多选）

（1）电脑是怎么普及的（ ）

（2）中小学生都不用电脑（ ）

（3）电脑打汉字很方便（ ）

（4）电脑让人的手写能力下降了（ ）

23-7 5. 再听课文第二部分，听后回答下列问题

（1）在哪个阶段人们会练习用笔写字？

………………………………………………

（2）为什么电脑族会“拿起笔就忘了字怎么写”？

23-8 **6. 边听录音边填空，并用自己的话说一说句子的意思**

（1）你是写信（ ）给我们发文件呢？

（2）（ ）你的钢笔字写得再不好看，我们看着（ ）亲切呀。

（3）（ ）电脑的普及，人们越来越（ ）打字，用手写字的能力（ ）下降了。

（4）（ ）因为太方便了，没人会注意每个字（ ）怎么写，时间一长，当然就不会写了。

7. 听老师读一遍课文，有不懂的地方随时问老师

23-9 **8. 选词填空**

……还是……　就算……也……　临时　利用　随着　打　写

要求

1. 请先独立填写答案；
2. 填好后同学之间可以讨论；
3. 最后听录音。

（1）旧的手机和电脑应该得到再（ ）。

（2）你看得出来他是日本人（ ）韩国人吗？

（3）（ ）产品质量的提高，价格也上涨了。

（4）车站增加了很多（ ）售票窗口。

（5）（ ）挣了很多钱，身体不好，（ ）享受不了好日子。

（6）春节期间，车站增加了很多（ ）客车。

（7）这种鱼能（ ）冷热的变化而改变身体的颜色。

（8）我不知道他是出国了（ ）考研究生了。

（9）（ ）不能亲眼看见他们，我（ ）很开心。

（10）因为一直用电脑，现在很多人只会（ ）字，不会（ ）字了。

（11）（ ）气温的升高，越来越多的人开始到室外健身。

9. 小调查

问问你的中国朋友下面几个问题：

（1）你有没有“提笔忘字”的情况？你认为原因是什么？

（2）你写信时，更常用电脑还是笔？

（3）你觉得电脑的普及给人们带来了哪些便利和不便？

三 语言能力检测

23-10 听对话，选择正确答案

1. A. 年龄和脑子的问题　　B. 提笔忘字的问题
   C. 怎么用电脑打字　　D. 男的身体的问题
2. A. 男的认为能认字、会打字就可以　　B. 男的认为不用学习打字
   C. 女的认为外国人记不住汉字　　D. 女的认为会写汉字心情好

24 伤心故事

畅所欲言

1. 你小的时候父母对你要求严格吗？请举例说明。
2. 你认为孩子小时候对他 / 她要求严格一些好，还是宽松一些好？为什么？
3. 你认为小学生应该能独立做什么？初中生应该能独立做什么？

词语学习

24-1

1	wǔshù duì	武术队		martial arts team
2	láihuí	来回	动	to go to a place and come back
3	chī//kǔ	吃苦	动	to bear hardships
4	jìngzhēng	竞争	动	to compete
5	cánrěn	残忍	形	ruthless
6	dǒng//shì	懂事	形	sensible
7	tiáolǐ	条理	名	orderliness, arrangement
8	xiédài	鞋带	名	shoelace
9	huái li	怀里		in one's arms
10	shēnzi	身子	名	body
11	làipí	赖皮	形	shameless, brazen
12	shàolínquán	少林拳	名	Shaolin boxing, a school of Chinese boxing
13	fēikuài	飞快	形	very fast

14	mēng	蒙	动	to be confused
15	jiǎzhuāng	假装	动	to pretend

练　习

一 字义与词义

1. 请仔细品味字义与词义的关系，并完成练习

（1）“懂事”的“事”还可以组成很多词语，比如“故事、事故、同事”，试着理解每个词语的意思，并选词填空。

① 王老师是我多年的老（　　）。

② 他从小就是一个（　　）的孩子，从来不让父母操心。

③ 小朋友都喜欢听睡前（　　）。

（2）“条理”的“理”也可以组成很多词语，比如“道理、理解、理想”，试着理解每个词语的意思，并选词填空。

① 他办事特别有（　　），大家不用担心。

② 我很难（　　）他为什么这么做。

③（　　）我都懂，可是真做起事来就忘了。

24-2 **2. 请仔细听录音，找出每组句子有什么共同的地方**

第一组：

第二组：

第三组：

第四组：

第五组：

二 听解课文

24-3 **1. 初听全文，根据课文内容判断正误**

（1）儿子上小学时就会骑自行车。（　　）

（2）儿子小的时候，就喜欢味道苦的菜。 （ ）

（3）儿子 10 岁时很残忍。 （ ）

（4）儿子打拳时鞋掉了。 （ ）

（5）儿子的鞋掉了以后，在场的人都笑了。 （ ）

（6）实际上，儿子系鞋带系得特别好。 （ ）

（7）看到儿子系鞋带的动作，我都傻了。 （ ）

（8）儿子承认是想让我们抱他一下时很不好意思。 （ ）

（9）我始终不明白儿子为什么假装不会系鞋带。 （ ）

24-4 2. 再听全文，根据课文内容选择正确答案（可以多选）

（1）A. 想让孩子吃些苦 B. 想让孩子参与竞争
C. 不疼爱孩子

（2）A. 从来不操心 B. 不会系鞋带
C. 生活上很有条理 D. 又聪明又懂事

（3）A. 儿子打拳的样子很可笑 B. 儿子把鞋甩到了半空中
C. 儿子的拳打得很有样子 D. 儿子表演前忘了穿鞋

（4）A. 明白了儿子的愿望 B. 遭到了沉重的打击
C. 为以前的做法感到后悔 D. 决定经常抱抱儿子

24-5 3. 三听全文

（1）根据课文内容给下面的句子排序。

	A	儿子学习上让父母省心，生活上也很有条理，但是不会系鞋带。
	B	儿子赶紧捡起鞋穿上，飞快地系上鞋带，动作十分熟练。
	C	他去体育馆都是自己骑车，没有人送。
	D	他总是拿着鞋走过来，靠在你的怀里让你替他系，身子还软软地贴着你。
	E	一次，我去看儿子练少林拳。
	F	儿子回答，是想让我们抱他一下。
	G	儿子一踢腿，鞋子飞上了半空中。
1	H	儿子小学时，参加了少儿武术队。
	I	我问儿子为什么平时假装不会系鞋带。

（2）用自己的话说一说画线部分是什么意思。

① 体育馆离家四公里，全是他自己骑车来回。

② 儿子就在这“残忍”的环境下长到了十岁。

③ 这句话重重地敲在我的心上，我忽然明白了：我的孩子为了得到爸妈的一抱，竟然设计了一个特别的方式。

4. 听老师读一遍课文，有不懂的地方随时问老师

5. 在合适的搭配之间连线

适应	脸
参加	苦
红着	怀里
系	武术队
吃	竞争环境
靠在	眼泪
流下	鞋带

24-6 **6. 选词填空**

心硬　吃苦　闲工夫　蒙　假装　替

（1）在超市付钱时，发现钱包不见了，我都（　　）了。

（2）不知道就是不知道，别（　　）什么都知道。

（3）我们公司招聘员工，条件是要能（　　）。

（4）上班的时候天天忙，退休后才有了（　　）。

（5）孩子（　　）不会系鞋带，就是想让父母抱一下。

（6）要是有（　　），我就去旅游。

（7）我要去机场接人，上不了课，你能（　　）我请假吗？

（8）让孩子学武术，当家长的就得（　　），你的心一软，他就学不成了。

（9）他不能（　　），结果什么也没学会。

要求

1. 请先独立填写答案；
2. 填好后同学之间可以讨论；
3. 最后听录音。

7. 延伸练习

（1）找五个中国大学生问一问：从小父母管教严格吗？（举例说明）

（2）找中国大学生调查一下他们对“从小吃苦”的看法。

（3）如果你是课文中这对父母的朋友，你会给他们什么建议？

三　语言能力检测

24-7 **听对话，选择正确答案**

1. A. 男的不愿意花钱买礼物　　B. 花钱多的礼物一定是好礼物
   C. 女的根据朋友的性格或爱好买礼物　　D. 女的建议男的不要买贵的礼物
2. A. 孩子犯错父母会紧张　　B. 人们可以在错误中学习
   C. 孩子犯错误没关系　　D. 父母应该帮孩子不犯错误

25 心态和行为

畅所欲言

1. 想一想“胆大”和“胆小”是什么关系，仿照规则，把下列词语填到合适的地方。

危险　失败　宽　深　快

胆大	胆小	窄	
成功		安全	
浅		慢	

2. 快速回答下列问题。

（1）吸烟对健康有什么影响？

（2）不吃早饭对身体有什么影响？

（3）玩儿游戏对学习有什么影响？

（4）网络对生活有什么影响？

（5）心态对行为有什么影响？

词语学习

25-1

1	xīntài	心态	名	mentality
2	xíngwéi	行为	名	behavior
3	xīnlǐxuéjiā	心理学家	名	psychologist
4	shíyàn	实验	名	experiment
5	hēi'àn	黑暗	形	dark

6	yǐndǎo	引导	动	to guide
7	zhǎn	盏	量	*a measure word for lamps*
8	hūnhuáng	昏黄	形	dim
9	lěnghàn	冷汗	名	cold sweat
10	dìmiàn	地面	名	ground, floor
11	shuǐchí	水池	名	pond, pool
12	èyú	鳄鱼	名	crocodile
13	dǎn dà	胆大		bold, daring
14	xiǎoxīn-yìyì	小心翼翼	成	with great care
15	chànwēiwēi	颤巍巍	形	tottering, faltering
16	pā	趴	动	to lie on one's stomach
17	yídòng	移动	动	to move
18	bàn bù	半步		half a step
19	wǎng	网	名	net
20	jiēshi	结实	形	sturdy

练　习

一 字义与词义

1. 请仔细品味字义与词义的关系，并完成练习

（1）"引导"的"导"还可以组成其他词语，比如"领导、导游、导演、指导"，试着理解每个词语的意思，并选词填空。

① 张艺谋是中国有名的（　　），你看过他导演的电影吗？

② 老师应该用合适的问题（　　）学生深入思考。

③（　　）这个工作很辛苦，有的人一个月要去二十多次长城。

（2）“穿过”的“过”也可以组成其他词语，比如“经过、通过、度过、路过”，试着理解每个词语的意思，并选词填空。

① 我在中国（　　）了二十岁生日。

②（　　）操场，就能看到中央花园。

③（　　）半年的学习，我（　　）了 HSK 三级。

25-2 2. 请仔细听录音，找出每组句子有什么共同的地方

第一组：……………………

第二组：……………………

第三组：……………………

第四组：……………………

第五组：……………………

第六组：……………………

二 听解课文

25-3 1. 初听全文，回答下列问题

（1）心理学家让人们做什么？

……………………

（2）他们做了几次？

……………………

（3）做这件事到底有没有危险？

……………………

25-4 2. 再听全文，根据课文内容判断正误

（1）人的心态对行为会有影响。　　（　　）

（2）房子里很暗，所有的人都没有穿过去。　　（　　）

（3）房子里一共有十盏灯。　　（　　）

（4）十个人开始穿过房子时，都不知道脚底下有鳄鱼。（ ）

（5）看见有安全网，人们都放心地走过去了。（ ）

（6）打开一盏灯后，三个勇敢的人快速穿过了房间。（ ）

（7）打开所有的灯后，人们都吓出了一身冷汗。（ ）

（8）两个愿意走过去的人问："这网结实吗？"（ ）

（9）十个成功穿过房间的人都是胆大的人。（ ）

（10）鳄鱼被装在安全网里。（ ）

（11）实际上，每个人都可以安全地穿过房间。（ ）

（12）实际上，安全网并不结实。（ ）

25-5 3. 三听全文

（1）根据课文内容选择正确答案。

① A. 鳄鱼　　B. 安全网
　C. 房子里所有的东西　　D. 什么也没有看见

② A. 大胆地走过去的　　B. 小心地走过去的
　C. 在引导下走过去的　　D. 爬过去的

③ A. 屋子的灯亮了　　B. 他们看见了安全网
　C. 他们不知道脚下有鳄鱼　　D. 他们很勇敢

④ A. 十个人　　B. 三个人
　C. 五个人　　D. 两个人

⑤ A. 胆小的人　　B. 不怕鳄鱼的人
　C. 胆大的人　　D. 相信安全网的人

⑥ A. 他们没有看见安全网　　B. 他们担心安全网不结实
　C. 他们觉得房间不够亮　　D. 他们担心小木桥不结实

（2）根据课文内容填表。

实验次序	穿过房间的人数	房间里的情况
第一次		
第二次		
第三次	—	

（3）说一说。

① 心理学家做这个实验，是想证明什么？

② 这个故事中，人们失败的原因是什么？

25-6 **4. 边听录音边填空**

（1）这些人看清了房子里的样子，都吓出（　　）。

（2）其中一个（　　）地走了过去，速度比第一次慢了许多；另一个颤巍巍地走上小木桥，走到一半时，竟趴在小桥上（　　）了过去；第三个刚走几步就一下子（　　）到了桥上，再也不敢向前移动半步。

（3）心理学家又打开房内的（　　）九盏灯，灯光把房子照得好像白天一样。

5. 在合适的搭配之间连线

产生	冷汗
做	影响
出	灯
穿过	实验
打开	小桥

6. 听老师读一遍课文，有不懂的地方随时问老师

25-7 **7. 选词填空**

到底　穿过　出汗　胆小　再也不　结实

（1）电影和电视（　　）有什么不同？

（2）（　　）那条街就到银行了。

（3）他（　　）的（　　）把衣服都湿透了。

（4）胆大的人都（　　）了这间黑屋子。

（5）你一定要抓住机会，（　　）要错过了。

（6）他每天锻炼，身体非常（　　）。

要求

1. 请先独立填写答案；
2. 填好后同学之间可以讨论；
3. 最后听录音。

（7）她是个（　　）的小姑娘，看见肉虫子就害怕。

（8）人们都有了手机，（　　）用排队打公用电话了。

（9）这个箱子不（　　），用了一次就坏了。

（10）他买了电子词典，（　　）怕有字不会写了。

三 语言能力检测

25-8 **听对话，选择正确答案**

1. A. 男的学习成绩不好　　B. 女的觉得男的很轻松
   C. 男的快要毕业了　　D. 女的觉得工作比学习压力大
2. A. 告诉女的不要减肥　　B. 不吃早饭不能减肥
   C. 吃午饭会让人更胖　　D. 吃早饭可以减肥

26 狗的昨天和今天

畅所欲言

1. 你养过宠物吗？
2. 你能说出跟“狗”有关系的成语吗？下面的成语是什么意思？先猜猜，再查词典确认。

   狗仗人势　　狼心狗肺　　狐朋狗友　　嫁鸡随鸡，嫁狗随狗
3. 上面词语中的“狗”是好的意思还是不好的意思？
4. 你对中国人养狗有什么印象？
5. 从题目看，这篇课文可能说的是什么事？

词语学习

26-1

1	kàojìn	靠近	动	to approach
2	xiōng'è	凶恶	形	fierce, ferocious
3	guāi	乖	形	(of a child) obedient, well-behaved
4	gǒuzhàngrénshì	狗仗人势	成	like a dog threatening people on the strength of it's master's power, to be a bully with the support of a powerful person
5	wēifēng	威风	名	awe-inspiring
6	tǎo//hǎo	讨好	动	to flatter
7	shénqíng	神情	名	expression, demeanor
8	fúzhuāng	服装	名	clothing

9	kǒuwèi	口味	名	taste, flavor
10	yīngyǒu-jìnyǒu	应有尽有	成	to have everything that one expects to find
11	dāngchū	当初	名	at first
12	chǒngwù	宠物	名	pet
13	shāngjī	商机	名	business opportunity
14	měiróng	美容	动	to have a beauty treatment
15	péiyǎng	培养	动	to foster, to train

练　习

一　字义与词义

1. 请仔细品味字义与词义的关系，并完成练习

（1）“商机”的“商”还可以组成其他词语，比如“商人、商品、经商”，试着理解每个词语的意思，并选词填空。

① 很多人在宠物身上发现了(　　)，比如宠物医院、宠物商店，都特别赚钱。

② 他是一个（　　），除了经商，对什么都没兴趣。

③ 已售(　　)，七天内可以无理由退货。

（2）“靠近”的“近”也可以组成其他词语，比如“附近、最近、远近、近处”，试着理解每个词语的意思，并选词填空。

① 学校（　　）有两个地铁站，离学校的距离差不多。

② 我害怕狗，从来不敢（　　）它们。

③（　　）你都去哪儿玩儿了？

26-2 **2. 请仔细听录音，找出每组句子有什么共同的地方**

第一组：______

第二组：______

第三组：

第四组：

第五组：

二 听解课文

26-3 **1. 初听全文，判断课文里说到了哪些内容，在括号里画“√”**

（1）养狗的好处 （ ） （2）养狗的麻烦 （ ）

（3）过去农村的狗 （ ） （4）现在农村的狗 （ ）

（5）过去城市的狗 （ ） （6）现在城市的狗 （ ）

（7）狗的生活变化 （ ）

26-4 **2. 再听全文**

（1）根据课文内容判断正误。

① 小时候，“我”的家在农村。 （ ）

②“我”被亲戚家的狗咬过，所以害怕狗。 （ ）

③ 城里的狗不如农村的狗厉害。 （ ）

④ 现在农村的狗比城里的狗多。 （ ）

⑤ 狗厉害不起来了，人的日子就好过了。 （ ）

⑥ 在城里，有狗可以买东西的超市。 （ ）

⑦ 狗的消费水平比人还高。 （ ）

⑧ 现在有专门培养与宠物有关系的人才的地方。 （ ）

（2）根据课文内容选择。

A. 农村狗的特点 B. 城市狗的特点

① 看家 （ ） ② 讨好主人 （ ）

③ 高大、凶恶 （ ） ④ 威风 （ ）

⑤ 温和 （ ） ⑥ 生活好 （ ）

⑦ 病了可以上医院 （ ） ⑧ 有衣服穿 （ ）

26-5 **3. 三听全文，根据课文内容选择正确答案**

（1）A. 做宠物 B. 看家

C. 创造商机 D. 咬人

（2）A. 狗听主人的话　　B. 狗看到主人就很乖
C. 狗看到外人就咬　　D. 狗仗着主人要威风

（3）A. 讨厌狗的狗仗人势　　B. 不喜欢狗太乖
C. 从小就怕狗　　D. 狗的生活水平太高了

（4）A. 越来越威风　　B. 越来越厉害
C. 日子越来越好　　D. 又高大，又凶猛

（5）A. 应该有的全有了　　B. 不够丰富
C. 设计得非常好　　D. 价格贵

（6）A. 认真看家的狗　　B. 讨好人的狗
C. 不凶恶的狗　　D. 咬人的狗

26-6　4. 边听录音边填空，然后回答问题

（1）我被狗的凶恶吓坏了，（　　）就跑，（　　）就哭。
问：你填的是什么词？请你做出这两个动作。

（2）主人出来喊了几句，那狗就变得（　　）的了。
问：主人可能喊了什么？狗有什么变化？

（3）最近几年，我发现（　　）的狗越来越少，（　　）的狗却越来越多了。
问："我"发现了什么变化？这个变化说明了什么？

（4）人有什么狗就有什么，（　　）人还没有的狗也有了。
问：你觉得什么东西人可以有，而狗不应该有，请举例说明。作者对狗有这么多东西是什么态度？

（5）天啊，我们人（　　）是怎么了？
问：这是一个什么问题？你能回答这个问题吗？

5. 听老师读一遍课文，有不懂的地方随时问老师

6. 说一说

（1）现在城里的狗跟过去农村的狗有什么不同？
（2）宠物事业的发展有什么好处？
（3）为什么作者觉得"现在的狗还不如当初把我吓哭了的那只狗呢"？
（4）讲述作者小时候碰到狗的经过，并解释狗和"狗仗人势"有什么关系。

26-7 7. 选词填空

看　口味　V来V去　培养　不知多少

要求

1. 请先独立填写答案；
2. 填好后同学之间可以讨论；
3. 最后听录音。

（1）看着小鱼在水里（　　），真羡慕啊！

（2）父母把孩子（　　）成人才，自己也老了。

（3）这个故事我已经听了（　　）遍了。

（4）小狗一出门，就在院子里（　　）。

（5）他在一个公司（　　）大门。

（6）他换了（　　）个工作，就是没有满意的。

（7）年轻的父母都要上班，只好请他们的父母帮他们（　　）孩子。

（8）你喜欢什么（　　）的冰激凌？

三 语言能力检测

26-8 听对话，选择正确答案

1. A. 怎么养宠物　　B. 不同国家老人的生活
   C. 怎么带孩子　　D. 不同国家孩子的成长
2. A. 养狗让他很快乐　　B. 养狗一点儿也不麻烦
   C. 他儿子养的狗很名贵　　D. 他想送女的一只狗

27 去哪里玩儿

畅所欲言

1. 来中国以后，你去过哪些地方旅行？关于旅行，你的朋友给过你什么建议？
2. 如果你去一个没去过的地方旅行，你打算自助游还是参加旅行团？为什么？
3. 如果参加旅行团，你打算了解哪些信息？请在括号里画“√”。

价格（　　）　路线（　　）　时间（　　）　有哪些项目（　　）

怎么去（　　）　吃什么（　　）　保险（　　）　什么人参加（　　）

其他：……

词语学习

27-1

1	lǚxíngtuán	旅行团	名	tour group
2	zìyóuxíng	自由行	动	to travel independently
3	lǚxíngshè	旅行社	名	travel agency
4	wòpù	卧铺	名	sleeping berth
5	měnggǔbāo	蒙古包	名	yurt (a traditional Mongolian tent)
6	qí mǎ	骑马		to ride a horse
7	xiàngmù	项目	名	item
8	wúsuǒwèi	无所谓	动	not to care, not to matter
9	tuáncān	团餐	名	group meal

10	kòngzhì	控制	动	to control
11	chéngběn	成本	名	cost

专有名词

1	Nèiměnggǔ	内蒙古	Inner Mongolia
2	Yúnnán	云南	Yunnan Province
3	Dàlǐ	大理	Dali, name of a place
4	Kūnmíng	昆明	Kunming, name of a place
5	Lìjiāng	丽江	Lijiang, name of a place

练　习

一 字义与词义

1. 请仔细品味字义与词义的关系，并完成练习

（1）“团餐”的“餐”还可以组成其他词语，比如“早餐、午餐、晚餐、聚餐、餐厅、中餐、快餐、自助餐”，试着理解每个词语的意思，并选词填空。

① 学校（　　）在装修，咱们去外边吃个（　　）吧，麦当劳就行。

② 旅行团今天安排的（　　）只有早晨和晚上的，（　　）自理。

③ 快过新年了，公司要组织（　　），哪个饭馆好，大家可以推荐一下。

（2）“旅行”的“旅”也可以组成其他词语，比如“旅途、旅客、旅馆、旅费”，试着理解每个词语的意思，并选词填空。

① 我最大的愿望是在全世界（　　）。

② 各位（　　），请您出示护照或身份证。

③ 咱们找一个条件好点儿的（　　）住吧，这个看上去不太干净。

27-2 **2. 请仔细听录音，找出每组句子有什么共同的地方**

第一组：……

第二组：……

第三组：……

第四组：……

第五组：……

二 听解课文

27-3 **1. 初听全文，回答下列问题**

（1）小林打算参加旅行团还是自己去旅行？

……

（2）旅行社的广告中有哪两个地方的旅行安排？

……

（3）小林打算一个人去还是跟同学去？

……

（4）最后小林决定去哪儿了吗？

……

27-4 **2. 听课文第一部分**

（1）根据课文内容判断正误。

① 住蒙古包是自费项目。（ ）

② 小林觉得骑马的价格不算贵。（ ）

③ 去云南的旅行来回都坐飞机。（ ）

④ 去云南的旅行一共是七天。（ ）

⑤ 除了云南以外，还去昆明和大理。（ ）

（2）根据课文内容，把下面的广告补充完整。

内蒙古

- 双卧，（　　）日游
- 住：蒙古包
- （　　）项目：骑马，（　　）元 / 小时

（3）根据课文内容回答问题。

① 什么是“自由行”？

----

② 什么是“双卧”？什么是“双飞”？

----

③ 为什么女的觉得去云南，七天时间不算太长？

27-5 **3. 听课文第二部分**

（1）根据课文内容选择正确答案。

① A. 吃得怎么样　　B. 住什么宾馆
　C. 价格是多少　　D. 人数多少

② A. 500 元　　B. 3500 元
　C. 1000 元　　D. 文中没说

③ A. 每顿八菜一汤　　B. 旅行团的饭
　C. 比饭馆的好吃　　D. 价格超级合算

④ A. 五个人以上打折　　B. 不能打折
　C. 可以便宜五十块　　D. 广告上没说

⑤ A. 能不能打折　　B. 同学去不去
　C. 能打几折　　D. 到底去哪儿

（2）把词语和它们的意思连起来。

打折	独自旅行
双飞	自己付钱
自由行	旅行团吃的饭
自费	去和回来都坐飞机
成本	比原价便宜
团餐	生产某个东西需要的费用

4. 听老师读一遍课文，你一定会有不同的收获

27-6 **5. 选词填空**

不是……吗　还是　无所谓　自费　跟……似的

要求

1. 请先独立填写答案；
2. 填好后同学之间可以讨论；
3. 最后听录音。

（1）这个电影你（　　）已经看过两遍了（　　）？还没看够？

（2）只要有工作就行，钱多钱少（　　）。

（3）他急得（　　）热锅上的蚂蚁（　　）。

（4）你（　　）自己去问吧，我怕我问不清楚。

（5）他走路不稳，（　　）喝了酒（　　）。

（6）（　　）出国留学的人越来越多了。

（7）他的生活就（　　）天天过年（　　）。

（8）你（　　）去年才买的手机（　　）？怎么又换了一个？

（9）你（　　）多去几家商店看看吧，说不定有优惠。

（10）大家都在抢购这种电脑，（　　）不要钱（　　）。

6. 小调查

（1）上网查一下北京往返昆明的飞机票价格，看一看有没有折扣。

（2）找五个同学问一问：他们最想去哪儿旅行？参加旅行团还是自由行？打算花多少钱？把结果记录在下面的表格中。下次课跟大家分享一下调查结果。

姓名	去哪儿	旅行社 / 自由行	选择旅行团 / 自由行的理由

三、语言能力检测

27-7 听对话，选择正确答案

1. A. 男的觉得自由行很麻烦　　B. 女的不愿意提前做好准备
   C. 女的想跟男的一起去云南　　D. 男的跟旅行团去的云南
2. A. 现在是新年　　B. 旅行的费用是一百块
   C. 男的可以按原价报名　　D. 男的可以按八五折报名

28 为什么我的听力进步不大

畅所欲言

1. 你用什么方法练习听力？跟同学分享一下你的方法。
2. 遇到听不懂的地方，你是怎么解决的？
3. 上听力课和跟中国人说话有哪些地方不一样？

词语学习

28-1

1	jìnbù	进步	动	to improve, to make a progress
2	xuéqī	学期	名	semester
3	jiéshù	结束	动	to end
4	fāyīn	发音	名/动	pronunciation; to pronounce
5	cíyǔ	词语	名	word
6	shùnxù	顺序	名	order, sequence
7	fēnxī	分析	动	to analyze
8	kào	靠	动	to depend on
9	shuā	刷	动	to binge-watch
10	diànshìjù	电视剧	名	TV series
11	guānzhòng	观众	名	audience
12	píngfēn	评分	名	score

13	diànshìpiàn	电视片	名	TV show
14	kǎobāozi	烤包子	名	baked bun
15	zìmù	字幕	名	subtitle

专有名词

Xīnjiāng	新疆	Xinjiang, an autonomous region in China

练 习

一 字义与词义

1. 请仔细品味字义与词义的关系，并完成练习

（1）“刷卡”的“刷”可以组成很多词语，比如“刷脸、刷剧、刷屏、刷题”，试着理解每个词语的意思，并选词填空。

① 这件事发生以后，朋友圈都（　　）了，电视台也做了报道。

② 练习英语听力的一个方法就是（　　），也就是多看英语电视剧。

③ 准备高考的学生每天都要不停地（　　）。

④ 现在一些大学需要（　　）才能进去。

（2）“电视”的“电”也可以组成很多词语，比如“电话、电影、电脑、电梯、电冰箱、电饭锅”，试着理解每个词语的意思，并选词填空。

① 能走楼梯就不要坐（　　），这也是一种锻炼。

② 现在差不多人人都有手机，家里都不用装（　　）了。

③ 我刚买了一个（　　），做米饭只要十分钟。

28-2 **2. 请仔细听录音，找出每组句子有什么共同的地方**

第一组：……………………

第二组：……………………

第三组：

第四组：

第五组：

二 听解课文

1. 先看问题，然后听老师读一遍课文，听后回答问题

（1）A. 为什么上课听不懂 B. 为什么听力进步不大 C. 中国人说话为什么那么快

（2）上听力课和在外边听中国人说话有什么不一样？请说出你听到的内容。

（3）关于怎么提高听力水平，老师给了什么建议？

28-3 **2. 再听全文，然后根据课文内容和你的感受回答问题**

上听力课和在外边听中国人说话有哪些不一样？

项目	课内	课外
发音	标准	
词语		
速度		
顺序		
听不懂的时候		可以问

28-4 **3. 三听全文**

（1）根据课文内容判断正误。

① 学了一个学期汉语，同学们的口语和听力都有很大进步。（ ）

② 有的同学上听力课听得懂，可是出去就听不懂了。（ ）

③ 第一语言不是汉语的人，说话的顺序都不对。（ ）

④ 老师觉得，跟中国人聊天儿比上听力课更重要。（ ）

⑤ 看中国电视剧是练习听力的好方法。（ ）

⑥ 老师没有翻译“刷剧”的意思，但是大家也懂了。 （　　）

⑦ 只有普通话标准的电视剧才适合练习听力。 （　　）

⑧《早餐中国》是一个教你怎么做中国菜的电视片。 （　　）

（2）根据课文内容选择正确答案。

① A. 说得太快　　B. 录音里经常有
　C. 顺序不对　　D. 很多人这么说

② A. 上听力课　　B. 跟中国人聊天儿
　C. 看汉语电视剧　　D. 学做中国菜

③ A. 时间长的　　B. 评分高的
　C. 有字幕的　　D. 普通话标准的

④ A. 想让他们练习听力　　B. 想让他们练习语法
　C. 想让他们学习做饭　　D. 想让他们尝尝

4. 说一说

（1）老师用什么方法让大家明白“刷剧”的意思？模仿老师的方法，用简单的语言让你的同学理解“网红”“打卡”的意思。

（2）“英剧、美剧”是“英国 / 美国电视剧”的缩写（abbreviation），说一说下面的短语是什么的缩写。

高铁________　微商________　网购________　免邮________

环保________　奥运会________　高大上________

5. 听老师读一遍课文，有不懂的地方随时问老师

28-5 **6. 选词填空**

进步　标准　靠　顺序　刷（卡 / 剧 / 脸）　还是

（1）这个问题没有（　　）答案。

（2）请按（　　）上下车。

（3）咱们（　　）坐地铁吧，肯定不会堵车。

（4）坐公交车时，上车、下车都要（　　）。

要求

1. 请先独立填写答案；
2. 填好后同学之间可以讨论；
3. 最后听录音。

（5）经过一年的努力，他的汉语（　　）非常大。

（6）大学四年，他一直（　　）打工挣学费。

（7）他每次小小的（　　）都会得到父母的表扬。

（8）我的汉语发音还不够（　　），您能听懂吗？

（9）食堂现在（　　）就可以买饭，都不用带饭卡了。

三 语言能力检测

28-6 **听对话，选择正确答案**

1. A. 中国人说话就是快　　B. 理解得慢，就会觉得别人说话快
   C. 汉语好的人说话快　　D. 说话快，别人就需要更长时间理解
2. A. 看美剧不会提高听力水平　　B. 要多看几遍才能有进步
   C. 看中文字幕对听力没有帮助　　D. 美剧中的英语很难理解

语法术语及缩略形式参照表
Abbreviations of Grammar Terms

Grammar Terms in Chinese	Grammar Terms in Pinyin	Grammar Terms in English	Abbreviations
名词	míngcí	noun	n. / 名 *
代词	dàicí	pronoun	pron. / 代
数词	shùcí	numeral	num. / 数
量词	liàngcí	measure word	m. / 量
动词	dòngcí	verb	v. / 动
助动词	zhùdòngcí	auxiliary	aux. / 助动
形容词	xíngróngcí	adjective	adj. / 形
副词	fùcí	adverb	adv. / 副
介词	jiècí	preposition	prep. / 介
连词	liáncí	conjunction	conj. / 连
助词	zhùcí	particle	part. / 助
拟声词	nǐshēngcí	onomatopoeia	onom. / 拟声
叹词	tàncí	interjection	int. / 叹
前缀	qiánzhuì	prefix	pref. / 前缀
后缀	hòuzhuì	suffix	suf. / 后缀
成语	chéngyǔ	idiom	idm. / 成
主语	zhǔyǔ	subject	S
谓语	wèiyǔ	predicate	P
宾语	bīnyǔ	object	O
补语	bǔyǔ	complement	C
动宾结构	dòngbīn jiégòu	verb-object construction	VO
动补结构	dòngbǔ jiégòu	verb-complement construction	VC
动词短语	dòngcí duǎnyǔ	verb phrase	VP
形容词短语	xíngróngcí duǎnyǔ	adjective phrase	AP

* “名词”“动词”“形容词”在相关句法格式中标记为“N”“V”“Adj”。

词语总表

A	昂贵	ánguì	形	17
B	半步	bàn bù		25
	榜样	bǎngyàng	名	14
	保持	bǎochí	动	10
	报答	bàodá	动	16
	报考	bàokǎo	动	18
	抱怨	bàoyuàn	动	11
	暴风雨	bàofēngyǔ	名	16
	悲伤	bēishāng	形	10
	被动	bèidòng	形	19
	彼此	bǐcǐ	代	8
	笔试	bǐshì	名	11
	毕业	bì//yè	动	14
	玻璃杯	bōlibēi	名	12
	不是滋味	bú shì zīwèi		12
	不停	bùtíng	副	2
	不止	bùzhǐ	动	8
C	采访	cǎifǎng	动	2
	残忍	cánrěn	形	24
	操心	cāo//xīn	动	2
	草原	cǎoyuán	名	17
	曾经	céngjīng	副	16
	差别	chābié	名	15
	颤巍巍	chànwēiwēi	形	25
	钞票	chāopiào	名	5
	嘲笑	cháoxiào	动	13
	成本	chéngběn	名	27
	成语	chéngyǔ	名	11
	吃惊	chī//jīng	动	4
	吃苦	chī//kǔ	动	24
	吃力	chīlì	形	18
	翅膀	chìbǎng	名	1
	充满	chōngmǎn	动	7
	宠物	chǒngwù	名	26
	酬金	chóujīn	名	4
	初中	chūzhōng	名	18
	除非	chúfēi	连	22
	创造	chuàngzào	动	7
	词语	cíyǔ	名	28
	匆匆	cōngcōng	形	6
	从……起……	cóng…qǐ…		14
	村民	cūnmín	名	14
	错别字	cuòbiézì	名	23
	错过	cuòguò	动	16
D	打印	dǎyìn	动	23
	打招呼	dǎ zhāohu		22

	打字	dǎ//zì	动	23
	大脑	dànǎo	名	3
	待	dāi	动	2
	贷款	dàikuǎn	名	17
	胆大	dǎn dà		25
	当初	dāngchū	名	26
	倒闭	dǎobì	动	13
	地道	dìdao	形	20
	地面	dìmiàn	名	25
	电器	diànqì	名	17
	电视剧	diànshìjù	名	28
	电视片	diànshìpiàn	名	28
	电子邮件	diànzǐ yóujiàn		8
	店员	diànyuán	名	6
	调	diào	动	18
	懂事	dǒng//shì	形	24
	动脑子	dòng nǎozi		3
	读书	dú//shū	动	14
	短信	duǎnxìn	名	23
	对待	duìdài	动	13
E	鳄鱼	èyú	名	25
F	发音	fāyīn	名 / 动	28
	烦	fán	形	9
	反而	fǎn'ér	副	12
	方式	fāngshì	名	17
	房奴	fángnú	名	17
	放弃	fàngqì	动	3
	飞快	fēikuài	形	24
	非……不可	fēi…bùkě		10
	肺病	fèibìng	名	6
	费用	fèiyong	名	19
	分析	fēnxī	动	28
	纷纷	fēnfēn	形	14
	风俗	fēngsú	名	21
	服装	fúzhuāng	名	26
	符合	fúhé	动	16
	付	fù	动	4
	妇科	fùkē	名	6
	富翁	fùwēng	名	3
	富有	fùyǒu	形	3
G	感受	gǎnshòu	名	17
	高级	gāojí	形	17
	高中	gāozhōng	名	2
	各地	gèdì	名	17
	根据	gēnjù	介	20
	公平	gōngpíng	形	15
	狗仗人势	gǒuzhàng-rénshì	成	26
	鼓励	gǔlì	动	7
	顾不上	gùbushàng		6
	顾客	gùkè	名	13
	乖	guāi	形	26
	观念	guānniàn	名	10
	观众	guānzhòng	名	28

管理员	guǎnlǐyuán	名	7

H

害羞	hài//xiū	形	8
毫无	háo wú		5
豪华	háohuá	形	16
黑暗	hēi'àn	形	25
互补	hùbǔ	动	21
互相	hùxiāng	副	3
画家	huàjiā	名	1
话说回来	huà shuō huílai		21
怀里	huái li		24
回话	huíhuà	名	15
汇报	huìbào	动	15
昏黄	hūnhuáng	形	25
婚礼	hūnlǐ	名	10
浑身	húnshēn	名	6
活力	huólì	名	7

J

吉他	jítā	名	18
疾病	jíbìng	名	10
记忆	jìyì	名	14
加油	jiā//yóu	动	21
假装	jiǎzhuāng	动	24
捡	jiǎn	动	4
减肥	jiǎn//féi	动	19
减轻	jiǎnqīng	动	10
简直	jiǎnzhí	副	13
见外	jiànwài	形	21
健身	jiànshēn	动	19
交换	jiāohuàn	动	3
交卷	jiāo//juàn	动	11
焦急	jiāojí	形	16
脚步	jiǎobù	名	4
结实	jiēshi	形	25
接受	jiēshòu	动	2
节食	jiéshí	动	19
结合	jiéhé	动	20
结束	jiéshù	动	28
姐夫	jiěfu	名	20
进步	jìnbù	动	28
竞争	jìngzhēng	动	24
静止	jìngzhǐ	动	17
酒吧	jiǔbā	名	18
就算	jiùsuàn	连	23
举办	jǔbàn	动	7
聚会	jùhuì	名	21

K

开朗	kāilǎng	形	8
看不惯	kànbuguàn		21
考官	kǎoguān	名	11
烤包子	kǎobāozi	名	28
靠	kào	动	28
靠近	kàojìn	动	26
客厅	kètīng	名	12
课程	kèchéng	名	17
控制	kòngzhì	动	27
口味	kǒuwèi	名	26

	跨国	kuàguó	动	21
L	来回	láihuí	动	24
	赖皮	làipí	形	24
	懒得	lǎnde	动	21
	老百姓	lǎobǎixìng	名	19
	老公	lǎogōng	名	17
	老外	lǎowài	名	21
	累赘	léizhui	名	9
	冷汗	lěnghàn	名	25
	礼貌	lǐmào	形	22
	理	lǐ	动	12
	理想	lǐxiǎng	名	18
	裂	liè	动	12
	临时	línshí	副 / 形	23
	淋	lín	动	9
	领取	lǐngqǔ	动	4
	路过	lùguò	动	4
	旅费	lǚfèi	名	21
	旅行社	lǚxíngshè	名	27
	旅行团	lǚxíngtuán	名	27
	落汤鸡	luòtāngjī	名	9
M	脉搏	màibó	名	6
	没劲儿	méi//jìnr	动	2
	美德	měidé	名	21
	美容	měiróng	动	26
	蒙	mēng	动	24
	蒙古包	měnggǔbāo	名	27
	梦想	mèngxiǎng	动	14
	免	miǎn	动	22
	免费	miǎn//fèi	动	19
	面试	miànshì	动	11
	面子	miànzi	名	21
	苗条	miáotiao	形	19
	描写	miáoxiě	动	8
	名片	míngpiàn	名	22
	名人	míngrén	名	20
	名声	míngshēng	名	13
	明明	míngmíng	副	12
	明显	míngxiǎn	形	19
	明星	míngxīng	名	17
	命	mìng	名	16
	母鸡	mǔjī	名	1
N	闹笑话	nào xiàohua		20
O	偶尔	ǒu'ěr	副	14
P	趴	pā	动	25
	啪啦	pālā	拟声	12
	陪伴	péibàn	动	17
	培养	péiyǎng	动	26
	佩服	pèifú	动	20
	平方米	píngfāngmǐ	量	17
	评分	píngfēn	名	28
	普及	pǔjí	动	23
	普通话	pǔtōnghuà	名	18
Q	沏	qī	动	12

	奇迹	qíjì	名	7
	骑马	qí mǎ		27
	乞丐	qǐgài	名	4
	启事	qǐshì	名	4
	前台	qiántái	名	18
	强烈	qiángliè	形	20
	亲笔	qīnbǐ	副	23
	亲戚	qīnqi	名	14
	情景	qíngjǐng	名	13
	群	qún	名	22
R	人生	rénshēng	名	3
	忍	rěn	动	10
S	商机	shāngjī	名	26
	少林拳	shàolínquán	名	24
	身材	shēncái	名	19
	身子	shēnzi	名	24
	神	shén	名 / 形	20
	神情	shénqíng	名	26
	生意	shēngyi	名	12
	失恋	shī//liàn	动	10
	时尚	shíshàng	名	13
	实验	shíyàn	名	25
	士兵	shìbīng	名	13
	收藏	shōucáng	动	7
	收入	shōurù	名	19
	手机	shǒujī	名	8
	手术	shǒushù	名	3
	输入	shūrù	动	23
	熟练	shúliàn	形	18
	树干	shùgàn	名	1
	树枝	shùzhī	名	1
	刷	shuā	动	28
	帅	shuài	形	8
	拴	shuān	动	4
	水池	shuǐchí	名	25
	顺序	shùnxù	名	28
	说不定	shuōbudìng	副	7
	死亡	sǐwáng	动	16
	随着	suízhe	介	23
	孙女	sūnnǚ	名	1
	所有	suǒyǒu	形	3
T	讨好	tǎo//hǎo	动	26
	提出	tíchū		3
	提前	tíqián	动	22
	体会	tǐhuì	名	19
	天上掉馅儿饼	tiānshang diào xiànrbǐng		13
	填写	tiánxiě	动	8
	挑选	tiāoxuǎn	动	11
	条理	tiáolǐ	名	24
	通信录	tōngxìnlù	名	8
	同行	tóngháng	名	13
	同事	tóngshì	名	10
	团餐	tuáncān	名	27

	团圆	tuányuán	动	21
	退	tuì	动	22
	退休	tuì//xiū	动	2
W	外貌	wàimào	名	8
	玩具	wánjù	名	5
	网	wǎng	名	25
	网友	wǎngyǒu	名	20
	威风	wēifēng	名	26
	微信	wēixìn	名	22
	为止	wéizhǐ	动	15
	文件	wénjiàn	名	23
	卧铺	wòpù	名	27
	无论如何	wúlùn-rúhé		6
	无所谓	wúsuǒwèi	动	27
	无意	wúyì	副	4
	武术队	wǔshù duì		24
X	西红柿	xīhóngshì	名	15
	下降	xiàjiàng	动	23
	下棋	xià qí		7
	羡慕	xiànmù	动	3
	箱	xiāng	量	15
	享受	xiǎngshòu	动	2
	想象力	xiǎngxiànglì	名	7
	项目	xiàngmù	名	27
	消息	xiāoxi	名	22
	小费	xiǎofèi	名	18
	小心翼翼	xiǎoxīn-yìyì	成	25
	鞋带	xiédài	名	24
	心理学家	xīnlǐxuéjiā	名	25
	心态	xīntài	名	25
	薪水	xīnshui	名	15
	行为	xíngwéi	名	25
	形象	xíngxiàng	名	10
	幸运	xìngyùn	形	18
	性别	xìngbié	名	8
	凶	xiōng	形	5
	凶恶	xiōng'è	形	26
	学期	xuéqī	名	28
Y	压力	yālì	名	10
	压抑	yāyì	动	10
	哑巴	yǎba	名	18
	养鸡场	yǎngjīchǎng	名	14
	药店	yàodiàn	名	6
	药方	yàofāng	名	6
	医学	yīxué	名	6
	一辈子	yíbèizi	名	16
	一见钟情	yíjiàn-zhōngqíng	成	16
	移动	yídòng	动	25
	一天到晚	yìtiān-dàowǎn		5
	一心一意	yìxīn-yíyì	成	14
	艺术馆	yìshùguǎn	名	7
	议论	yìlùn	动	14
	异性	yìxìng	名	16

意识	yìshí	名	19
引导	yǐndǎo	动	25
引起	yǐnqǐ	动	10
隐私	yǐnsī	名	22
应付	yìngfu	动	10
应聘	yìngpìn	动	11
应有尽有	yīngyǒu-jìnyǒu	成	26
游客	yóukè	名	9
有利	yǒulì	形	12
预报	yùbào	动	9
缘故	yuángù	名	18
Z 再说	zàishuō	连	5
在于	zàiyú	动	9
责备	zébèi	动	16
盏	zhǎn	量	25
战场	zhànchǎng	名	13
招呼	zhāohu	动	12
招聘	zhāopìn	动	11
珍惜	zhēnxī	动	18
诊断	zhěnduàn	动	6
枕头	zhěntou	名	5
整天	zhěngtiān	名	14
挣	zhèng	动	5
之前	zhīqián	名	5
中途	zhōngtú	名	21
终点	zhōngdiǎn	名	16
钟表	zhōngbiǎo	名	13
皱	zhòu	动	5
专心	zhuānxīn	形	7
赚	zhuàn	动	13
准确	zhǔnquè	形	23
自夸	zìkuā	动	20
自私	zìsī	形	5
自我	zìwǒ	代	8
自信	zìxìn	形	19
自由行	zìyóuxíng	动	27
字母	zìmǔ	名	23
字幕	zìmù	名	28
总裁	zǒngcái	名	16
总理	zǒnglǐ	名	20
总统	zǒngtǒng	名	20
族	zú	后缀	23
作废	zuòfèi	动	11

专有名词

发展汉语

Developing Chinese

第三版
3rd Edition

Intermediate Listening Course

中级听力

（Ⅰ）

Scripts and Answers

文本与答案

主　编：李　泉
副主编：么书君
编著者：傅　由

北京语言大学出版社
BEIJING LANGUAGE AND CULTURE UNIVERSITY PRESS

目 录 Contents

1 画家和他的孙女

课 文

（旁白）画家有一个六岁的孙女，六岁的孙女也喜欢画画儿，她画了一棵树。

男：你画的树不对。

女：怎么不对呢？

男：树枝不对。

女：树枝怎么不对呢？

男：树枝怎么能比树干粗呢？

女：树枝怎么不能比树干粗呢？

男：那就不是树了。

女：不是树，您怎么说是树呢？

（旁白）画家没话说了。孙女又画了一只小兔子。

男：你画的小兔子不对。

女：怎么不对呢？

男：兔子有红色的吗？

女：兔子怎么没有红色的呢？

男：你见过红色的兔子吗？

女：没见过就没有吗？

男：红色的就不是兔子了。

女：不是兔子，您怎么说是兔子呢？

（旁白）画家又没话说了。孙女又画了一匹马。

男：你画的马不对。

女：怎么不对呢？

男：马有翅膀吗？

女：马没有翅膀。

男：那你为什么给马画了翅膀呢？

女：我想让马长出翅膀来。

男：那就不是马了。

女：不是马，您怎么说是马呢？

（旁白）画家又没话说了。孙女还画了一只母鸡，母鸡下了一个鸡蛋，鸡蛋比母鸡还大。孙女拿着画儿去参加一个儿童画画儿比赛，结果得了一等奖。

（根据威廉·贝纳德同名文章改写）

练 习

一 字义与词义

1. 请仔细品味字义与词义的关系，并完成练习

（1）“画家”的“家”可以组成很多词语，比如“作家、科学家、教育家、音乐家”。

① 下图都是什么“家”？

A. 作家　　B. 科学家　　C. 教育家　　D. 音乐家

（ C ）　（ D ）　（ A ）　（ B ）

②下面提到的这些人都是什么“家”？请模仿例子连线。

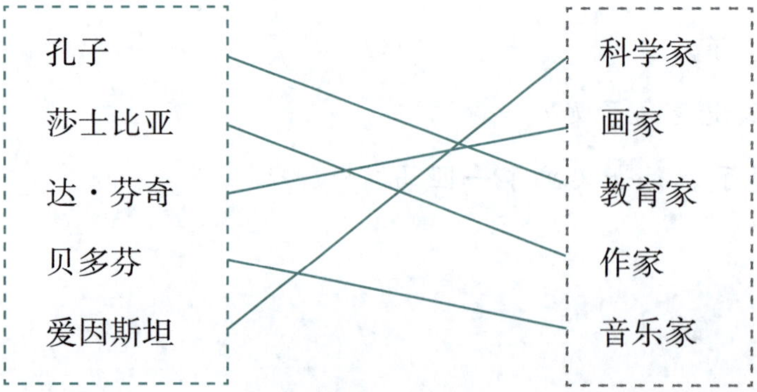

（2）“树”也可以组成很多词语，比如“树叶、树干、树枝、树根”。

请在下图横线处标出：树叶在哪里？树干在哪里？树枝在哪里？树根呢？

1-2 **2. 请仔细听录音，找出每组句子有什么共同的地方**

第一组：①这么重要的事，你怎么不告诉我？
②你怎么知道这是真的？
③你怎么现在才来？
（课文例句：怎么不对呢？）

第二组：①这只猫长着两只不一样的眼睛。
②兔子长着长长的耳朵和红红的眼睛。
③他长得像爸爸。
（课文例句：我想让马长出翅膀来。）

第三组：①学校食堂的饭比我妈妈做的饭还好吃。
②他觉得唱卡拉 OK 比学外语还难。
③弟弟很聪明，哥哥比弟弟还聪明。
（课文例句：母鸡下了一个鸡蛋，鸡蛋比母鸡还大。）

第四组：①你参加工作几年了？
②他参加了足球比赛。
③明天有一个新年晚会，我们一起参加吧。
（课文例句：孙女拿着画儿去参加一个儿童画画儿比赛，结果得了一等奖。）

第五组：①这次考试我没认真复习，结果考得很不好。
②我想买七点的票，结果没买到。
③我七点半才起床，结果迟到了。
（课文例句：孙女拿着画儿去参加一个儿童画画儿比赛，结果得了一等奖。）

二 听解课文

1-4 2. 再听全文

（1）孙女画了哪些东西？边听录音边在对应的横线上画“√”。

树 √　花____　水果____　兔子 √
人____　马 √　母鸡和鸡蛋 √　小鸡____

（2）根据课文内容，按顺序写出孙女画的东西。

树——（ 兔子 ）——（ 马 ）——（ 母鸡和鸡蛋 ）

1-5 3. 三听全文

（1）根据课文内容选择正确答案。

① 画家认为孙女的画儿怎么样？（ A ）
A. 不对　B. 不像　C. 不漂亮

② 孙女认为自己的画儿怎么样？（ A ）
A. 都对　B. 一般　C. 很漂亮

③ 下面哪项不是孙女的画儿？（ B ）
A. 长翅膀的马　B. 能飞的兔子　C. 红色的兔子

④ 孙女的什么画儿得了大奖？（ D ）
A. 大树　B. 兔子　C. 马　D. 母鸡

（2）画家说孙女画得不对，怎么不对呢？

树：（ 树枝 ）比（ 树干 ）粗。
兔子：（ 红 ）色的。
马：（ 有 ）翅膀。
母鸡和鸡蛋：（ 鸡蛋 ）比（ 母鸡 ）还大。

4. 说说写写

（1）请看下表，左边的句子和右边的句子语气不同，请模仿例子，把合适的句子填在空白处。

例如：A. 我怎么能不去呢？	E. 我不知道。
B. 怎么能有红色的兔子呢？	F. 这不可能。
C. 你怎么能迟到呢？	G. 我吃不了这么多。
D. 我怎么会不帮你呢？	

I	II
树枝不能比树干粗。	树枝怎么能比树干粗呢？
你不应该迟到。	C
E	我怎么知道呢？
我不会不帮你。	D
F	这怎么可能？
我一定会去的。	A
G	我怎么吃得了这么多？
没有红色的兔子。	B

1-6 **7. 听录音，选择正确答案**

“怎么”在不同的句子里有不同的意思。请你根据录音中的提问，选择正确的回答。然后跟同学讨论，这是在什么情况下说的，是谁对谁说的。

（1）你怎么来了？（ B ）

A. 我是坐车来的。　B. 我来看你呀。

（2）你怎么来的？（ A ）

A. 我走路来的。　B. 我来买东西。

（3）你怎么还不回家呀？（ A ）

A. 我还有点儿事儿。　B. 我开车回家。

（4）我怎么不知道这件事？（ B ）

A. 你知道这件事吗？　B. 我也是刚听说的。

1-7 **8. 选词填空**

参加　长　比……还……　结果　怎么

要求

1. 请先独立填写答案；
2. 填好后同学之间可以讨论；
3. 最后听录音。

（1）他（参加）了几次留学生的活动，觉得很有意思。

（2）小女孩儿（长）得很漂亮。

（3）他找到了工作，家人（比）他自己（还）高兴。

（4）他每天工作到夜里，一直没有好好休息，（结果）累病了。

（5）他有困难，我们（怎么）能不帮他？
（6）我打算（参加）这个月的 HSK。
（7）这家商店的东西（比）那一家的（还）贵。
（8）她（长）得特别高。

三 语言能力检测

1-8 听对话，选择正确答案

1. 男：去天安门应该怎么坐车啊？我想快点儿到，越快越好。
   女：可以坐地铁，但现在人多。也可以坐公交，要换一次车。还可以打车，不过可能会堵车。要想快，还是坐地铁。
   问：男的最可能怎么去天安门？（A）
   A. 坐地铁　B. 打车　C. 坐公交　D. 开车

2. 女：你跟你哥哥长得一点儿也不像啊。
   男：大家都这么说，我长得像我爸，我哥长得像我妈。
   问：关于男的，下面哪项正确？（C）
   A. 有弟弟　B. 像哥哥　C. 像爸爸　D. 像妈妈

2 最好的年龄

畅所欲言

2. 怎么问别人的年龄？请在年龄和问题之间连线。

十岁以下	多大岁数
十五六岁	多大年纪
三四十岁	几岁
七八十岁	多大

课　文

多大是生命中最好的年龄呢？电视台采访了很多人。

一个小男孩儿说：“两个月，因为你会被抱着走，你会得到很多的爱和照顾。”

另一个小孩儿回答：“3 岁，因为不用去上学。你可以做所有想做的事，也可以不停地玩儿。”

一个少年说：“18 岁，因为你高中毕业了，可以开车去任何想去的地方。”

一个男人回答说：“25 岁，因为你的身体最好。”这个男人 43 岁，他说自己现在走路越来越没劲儿了。他 25 岁的时候，常常到夜里 12 点才上床睡觉，但现在晚上 9 点就困得睁不开眼睛了。

一个 5 岁的小女孩儿说，生命中最好的年龄是 29 岁。因为你可以待在屋子里的任何地方，想干什么就干什么。有人问她：“你妈妈多大？”她回答说：“29 岁。”

一位女士回答说：“55 岁，因为你退休了，不用工作了，而且孩子都长大了，你不用再为他们操心，可以过自己的生活了。”

最后接受访问的是一位老太太，她说：“每个年龄都是最好的。享受你现在的年龄吧。”

（根据麦达德·赖茨同名文章改写）

练 习

一 字义与词义

1. 请仔细品味字义与词义的关系，并完成练习

（1）“退休”的“休”也是“休息”的“休”，它可以组成很多词语，比如“休假、午休、休养”，试着理解每个词语的意思，并选词填空。

① 在我们国家，男的 60 岁（退休），女的 55 岁（退休）。

② 很多人中午都要（午休）一会儿，这样下午上班才不觉得累。

③ 王经理这个星期（休假）了，下星期一回来上班。

（2）“接受”的“受”也可以组成很多词语，比如“享受、难受”，试着理解每个词语的意思，并选词填空。

① 他（接受）了电视台的采访。

② 我们应该学会（享受）生活。

③ 我感冒了，全身都很（难受）。

2-2 **2. 请仔细听录音，找出每组句子有什么共同的地方**

第一组：① 经过半年的学习，我的汉语越来越好了。

② 冬天到了，天气越来越冷了。

③ 我越来越喜欢这个工作了。

（课文例句：他说自己现在走路越来越没劲儿了。）

第二组：① 几天没睡觉，他困得睁不开眼睛。

② 在火车上站了一夜，我累得都不想走路了。

③ 听说母亲生病，他急得说不出话来。

（课文例句：晚上 9 点就困得睁不开眼睛了。）

第三组：① 你有任何问题都可以问我。

② 你放心吧，我不会告诉任何人。

③ 任何人都应该排队上车。

（课文例句：你可以待在屋子里的任何地方。）

第四组：① 放假了，我想干什么就干什么。

② 厨房里的东西都可以用，你想吃什么就做什么。

③ 周末，我想看书就看看书，想上网就上会儿网，太自由了。

（课文例句：你可以待在屋子里的任何地方，想干什么就干什么。）

第五组：①父母总是为孩子的教育问题操心。

②当领导也不容易，操心的事太多。

③我一定能找到工作，您别操心了。

（课文例句：孩子都长大了，你不用再为他们操心，可以过自己的生活了。）

二 听解课文

2-3 1. 初听全文，在正确的选项后面画“√”

（1）每个人对最好的年龄的看法都（一样　　不一样√）。

（2）大部分被采访的人都认为（自己的　　别人的√）年龄好。

（3）实际上，每个年龄都是（最好√　　不好　　）的。

2-4 2. 再听全文

（1）根据课文内容填表，在括号里填上年龄，在空白处填上理由。

理由：

A. 身体最好

B. 被抱着走，被爱，被照顾

C. 想在哪儿就在哪儿，想干什么就干什么

D. 不用上学。想干什么就干什么，可以不停地玩儿

E. 退休了，不用工作了。不用为别人操心，可以过自己的生活了

F. 高中毕业了，可以自己开车去想去的地方

G. 每个年龄都是最好的。享受你现在的年龄

被采访人	被采访人的年龄	认为最好的年龄是	理由
一个小男孩儿	—	两个月	B
另一个小孩儿	—	（3）岁	D
一个少年	—	18岁	F
一个男人	（43）岁	25岁	A
一个小女孩儿	5岁	（29）岁	C
一个女士	—	55岁	E
一个老太太	—	—	G

（2）根据课文内容连线。

两个月	不用上学
3 岁	退休了
18 岁	被抱着走
25 岁	身体最好
55 岁	高中毕业

2-5 **3. 三听全文**

听后回答问题，把答案写在横线上，然后跟同学讨论一下。

（1）一个小男孩儿说两个月是最好的年龄，因为会被抱着走。

问：你认为说话的小男孩儿可能多大？

（2）一个小孩儿说，3 岁是最好的年龄，因为不用上学。

问：你认为这个小孩儿多大？

（3）一个 43 岁的人说，25 岁是最好的年龄。

问：25 岁的他跟现在的他什么方面不一样？

（4）一个 5 岁的小女孩儿说，29 岁最好。

问：这个小女孩儿觉得 29 岁可以做什么？

（5）一位女士说，55 岁最好。

问：原因是什么？

5. 在合适的搭配之间连线，然后填空

A. 困得	睁不开眼睛
B. 累得	睡不着觉
C. 气得	合不上嘴
D. 高兴得	走不动了
E. 急得	说不出话来

（1）项目遇到了困难，经理（ E ）。

（2）见到了二十年没见的老朋友，我（ D ）。

（3）我夜里三点才睡觉，现在（ A ）。

（4）他今天爬长城、逛故宫，玩儿了一整天，现在（ B ）。

（5）售货员态度很差，还跟顾客吵架，顾客（ C ）。

2-6 6. 选词填空

任何　想……就……　越来越　操心　没劲儿

要求

1. 请先独立填写答案；
2. 填好后同学之间可以讨论；
3. 最后听录音。

（1）他没有（ 任何 ）坏习惯。
（2）车（ 越来越 ）多，路（ 越来越 ）堵。
（3）这件事没有（ 任何 ）意义，你别做了。
（4）这些地方都挺好玩儿的，你（ 想 ）去哪儿（ 就 ）去哪儿吧。
（5）大夫，我头疼，发烧，全身（ 没劲儿 ）。
（6）天气（ 越来越 ）冷，我得买一件大衣了。
（7）我们现在身体还可以，不要为我们（ 操心 ）。
（8）年纪大了，走一会儿路就（ 没劲儿 ）了。

三 语言能力检测

2-7 听对话，选择正确答案

1. 男：中国人多大岁数退休啊？
女：男的 60 到 63 岁，女的 55 到 58 岁。我打算 55 岁退休，还有 3 年。
问：女的现在多大？　（ D ）
A. 60 岁　B. 55 岁　C. 53 岁　D. 52 岁

2. 女：很多公司招人的时候都对年龄有要求，比如只要 35 岁以下的。
男：我觉得这个要求不好，其实年龄大一点儿，经验还多呢，很可能比年轻人干得好。
问：下面哪项是男的的看法？　（ A ）
A. 公司招人时不应该有年龄要求　B. 35 岁以下的人都没有经验
C. 年龄大的人才会好好工作　D. 经验跟年龄没有什么关系

3 交换人生

课 文

一个身体很差的富翁，一个非常健康的穷人，两人互相羡慕。富翁为了得到健康，愿意放弃他所有的财富；穷人为了财富，愿意放弃自己的健康。

一个医生发现了交换大脑的方法，富翁马上提出和穷人交换大脑。这样，富翁会变穷，但能得到健康的身体；穷人会变得富有，但会经常生病。

手术成功了。穷人成了有钱的富翁，富翁成了健康的穷人。

变成了穷人的富翁因为懂得如何取得成功，慢慢地又开始变得有钱了。可同时，他总是担心自己的身体，只要有点儿不舒服就非常害怕。因为他总是什么都担心，什么都害怕，时间长了，身体又慢慢变差了。

变成了富翁的穷人，有钱了便不想动脑子，只想吃喝玩儿乐，把钱花在不该花的地方，不久，他就花光了所有的钱，又变成了穷人。可是因为他什么都不担心，什么都不害怕，他的病慢慢地好了，他又像以前一样拥有了健康的身体。

现在，两人都回到了原来的样子。

（根据网络同名文章改写）

练 习

一 字义与词义

1. 请仔细品味字义与词义的关系，并完成练习

（1）“富翁”的“富”还可以组成别的词语，比如“富有、财富、丰富”，试着理解每个词语的意思，并选词填空。

① 食堂的饭菜特别（ 丰富 ）。

② 他是世界上最（ 富有 ）的人。

③ 一个人是不是快乐，跟他的（ 财富 ）有关系吗？

（2）“变成”的“变”也可以组成很多词语，比如“变得、变化、改变”，试着理解每个词语的意思，并选词填空。

① 他的（ 变化 ）太大了，我都认不出来了。

② 她小的时候每天都想，将来要是能（ 变成 ）妈妈的样子就好了。

③ 工作以后，他（ 变得 ）越来越自信。

3-2 **2. 请仔细听录音，找出每组句子有什么共同的地方**

第一组：① 他刚毕业就找到了工作，大家都很羡慕他。

② 医生是让人羡慕的职业吗？

③ 我羡慕他每天无忧无虑的样子。

（课文例句：一个身体很差的富翁，一个非常健康的穷人，两人互相羡慕。）

第二组：① 他放弃了出国留学的机会。

② 我没有放弃她，因为我爱她。

③ 他放弃了大公司的工作，走上了创业之路。

（课文例句：富翁为了得到健康，愿意放弃他所有的财富。）

第三组：① 只要有一点儿不舒服，他就去医院。

② 只要你愿意，下个星期就可以来公司上班。

③ 每个周日，只要有时间，我就去看他。

（课文例句：他总是担心自己的身体，只要有点儿不舒服就非常害怕。）

第四组：① 钱呢，该花的花，该省的就要省。

② 她把钱都花在买衣服上了。

③ 他每天都会花一些时间去健身。

（课文例句：变成了富翁的穷人，有钱了便不想动脑子，只想吃喝玩儿乐，把钱花在不该花的地方。）

第五组：① 十几年没见面了，他还像以前一样。

② 他的汉语真不错，跟中国人一样。

③ 他也和我一样，正在忙着写毕业论文。

（课文例句：可是因为他什么都不担心，什么都不害怕，他的病慢慢地好了，他又像以前一样拥有了健康的身体。）

二 听解课文

3-4 **2. 再听全文**

（1）根据课文内容填表。

A. 身体差	B. 身体好	C. 富有
D. 穷	E. 总担心身体	F. 什么都不担心
G. 随便花钱	H. 不想动脑子	I. 懂得如何取得成功

人物	交换人生以前	交换人生以后	最后
富翁	A、C	B、D、E、I	A、C
穷人	B、D	A、C、F、G、H	B、D

3-5 3. 三听全文

（1）根据课文内容选择正确答案。

① 富翁愿意放弃什么？ （ A ）

A. 财富　B. 健康　C. 大脑

② 穷人希望得到什么？ （ A ）

A. 财富　B. 健康　C. 成功的方法

③ 交换人生以后，富翁哪个方面没有变化？ （ C ）

A. 身体　B. 财富　C. 思想

④ 交换人生以后，穷人得到了什么？ （ A ）

A. 财富　B. 健康　C. 成功的方法

⑤ 变成穷人的富翁为什么又失去了健康？ （ B ）

A. 不锻炼身体　B. 总是担心身体　C. 不动脑子

⑥ 变成富翁的穷人后来为什么又变穷了？ （ B ）

A. 钱还不够多　B. 吃喝玩儿乐，乱花钱　C. 总生病

（2）根据课文内容给下面的句子排序。

4	A	富翁很担心自己的身体，穷人花光了所有的钱。
5	B	他们回到了各自原来的样子。
1	C	富翁希望变得健康，穷人希望变得富有。
3	D	穷人得到了财富，富翁得到了健康。
2	E	他们交换了大脑。

3-6 6. 选词填空

羡慕　放弃　只要……就……　花　像……一样

要求
1. 请先独立填写答案；
2. 填好后同学之间可以讨论；
3. 最后听录音。

（1）别老（ 羡慕 ）别人，每个人都有自己的烦恼。
（2）他也（ 像 ）你（ 一样 ），只想当画家。
（3）（ 只要 ）努力，（ 就 ）可能成功。
（4）这次旅行一共（ 花 ）了三千块钱。
（5）这么好的工作你怎么（ 放弃 ）了？
（6）（ 只要 ）你努力，（ 就 ）会有机会。
（7）我（ 花 ）了三天的时间完成了这个任务。

三 语言能力检测

3-7 听句子，判断正误

1. 别着急，慢慢来，你听懂的汉语一定会越来越多。
判断：别人说得慢一点儿，你才能听懂。（ × ）
2. 每个人都羡慕别人：有钱人羡慕年轻人，年轻人羡慕有钱人。这样互相羡慕，真的好吗？
判断：人们不应该总是羡慕别人。（ √ ）
3. 不要总担心自己的身体，担心太多才容易生病呢。
判断：说话人身体不太好，他有点儿担心。（ × ）
4. 我有几年没见小刘了，他变得我都不认识了。
判断：说话人不认识小刘。（ × ）

4 煮熟的鸭子飞了

畅所欲言

4. 一个人丢了手机，这是他写的找手机的启事，请填空。

课文

一个乞丐每天都在想，我要是有两万块钱就好了。一天，这个乞丐无意中发现了一只跑丢了的小狗，这只小狗很可爱。乞丐看旁边没人，就把狗抱回他住的地方，拴了起来。

这只狗的主人是一位有名的大富翁，狗丢了，富翁十分着急。于是，就写了一个找狗的启事：如有人捡到狗，请马上还给我，我将付酬金两万元。

第二天，乞丐看见了这个启事，就赶紧回家，抱起小狗准备去领取两万元酬金。他抱着狗路过贴启事的地方，发现启事上的酬金已经从两万元变成了三万元。原来，大富翁找不着狗，把酬金提高了一万元。

乞丐几乎不敢相信自己的眼睛，他停下了脚步，想了想，又把狗抱回他住的地方，重新拴了起来。第三天，酬金果然又涨了，第四天又涨了，直到第七天，酬金涨到了让所有人都感到吃惊时，乞丐才跑回去抱狗。没想到，那只可爱的小狗已经饿死了。乞丐还是乞丐。

（根据郭震海文章改写）

练习

一 字义与词义

1. 请仔细品味字义与词义的关系，并完成练习

（1）“无意”的“意”还可以组成别的词语，比如“特意、好意”，试着理解每个词语的意思，并选词填空。

① 今天，我（ 无意 ）中发现了一个非常好的咖啡店。

② 谢谢你的（ 好意 ），不过我自己能做好，就不麻烦你了。

③ 上个月，我父母（ 特意 ）去学校参加了我的毕业典礼。

（2）“酬金”的“金”也可以组成别的词语，比如“现金、奖学金”，试着理解每个词语的意思，并选词填空。

① 考试成绩前10%的学生可以得到（ 奖学金 ）。

② 现在人们出门很少带（ 现金 ），因为手机支付越来越方便了。

③ 捡到东西以后还给失主，应该要（ 酬金 ）吗？

4-2 **2. 请仔细听录音，找出每组句子有什么共同的地方**

第一组：① 我要是能听懂汉语广播就好了。

② 我们的晚会特别有意思，要是你也在这儿就好了。

③ 要是咱们能一起去旅行就好了。

（课文例句：一个乞丐每天都在想，我要是有两万块钱就好了。）

第二组：① 他在路上看到一个手机，就把它捡了起来。

② 谁捡到我的书包了？

③ 你如果捡到东西，会交给谁？

（课文例句：如有人捡到狗，请马上还给我。）

第三组：① 他自己付学费。

② 男女朋友一起吃饭，谁付钱？

③ 丢东西的人愿意付酬金。

（课文例句：如有人捡到狗，请马上还给我，我将付酬金两万元。）

第四组：① 一到冬天，蔬菜就会涨价。
② 他的工资又涨了。
③ 酸奶没涨价，原来就是这个价。
（课文例句：第三天，酬金果然又涨了。）

第五组：① 直到他告诉我，我才知道他的烦恼。
② 学了两年汉语，直到现在我还有很多词不知道。
③ 他直到来北京，才吃到了地道的烤鸭。
（课文例句：第四天又涨了，直到第七天，酬金涨到了让所有人都感到吃惊时，乞丐才跑回去抱狗。）

二 听解课文

4-4 2. 再听全文，根据课文内容判断正误

（1）乞丐无意中捡到了两万元钱。（ × ）
（2）乞丐偷了大富翁的一只狗。（ × ）
（3）狗的主人非常富有。（ √ ）
（4）狗的主人愿意花两万元钱再买一只狗。（ × ）
（5）乞丐捡到狗以后，就不再乞讨了。（ × ）
（6）乞丐捡到狗以后，领取了两万元酬金。（ × ）
（7）第二天，酬金提高到了三万元。（ √ ）
（8）第二天，酬金提高了一万元。（ √ ）
（9）乞丐认为三万元太少，他等待着酬金继续提高。（ √ ）
（10）乞丐的眼睛有问题。（ × ）
（11）大富翁相信，只有提高酬金，捡到狗的人才可能把狗还给他。（ √ ）

4-5 3. 三听全文

（1）根据课文内容选择正确答案。

① 乞丐捡到狗以前的愿望是什么？（ B ）
A. 捡到一只狗　B. 有两万元钱
C. 有一万元钱　D. 买一只狗

② 大富翁为什么提高酬金？（ A ）
A. 他希望捡到狗的人能把狗还给他　B. 他想让大家都感到惊讶
C. 他希望能买一只一样的狗　D. 他想让人知道那只狗非常贵

③ 乞丐第二天准备还狗的时候，为什么改变了主意？（ B ）
A. 他对三万元的酬金感到吃惊　B. 他希望酬金继续涨

C. 他不相信大富翁会付给他酬金　　D. 他越来越喜欢那只小狗

④ 第七天，大富翁的酬金为什么让大家感到惊讶？（ D ）

A. 大家都相信狗已经死了　　B. 大家为自己没捡到狗而不高兴

C. 大家觉得大富翁在骗人　　D. 大家没想到酬金会涨到这么高

⑤ 乞丐为什么没有得到酬金？（ A ）

A. 因为狗饿死了　　B. 因为酬金太低了

C. 因为他自己留下了那只狗　　D. 因为狗跑了

⑥ 这个故事告诉了我们什么道理？（ B ）

A. 捡了东西要马上还　　B. 期望不要过高

C. 应该对狗好一点儿　　D. 别随便捡东西

（3）根据课文内容给下面的句子排序。

2	A	富翁愿意给捡到小狗的人两万元酬金。
6	B	小狗饿死了。
1	C	乞丐捡到一只小狗。
4	D	酬金不停地涨。
3	E	乞丐想去领取酬金，可是见酬金涨了，又改了主意。
5	F	乞丐决定把狗还给富翁。

4-6 6. 选词填空

丢　捡　付　涨　直到　相信　要是……就好了

（1）我不小心（ 丢 ）了手机，幸亏有人（ 捡 ）到还给了我。

（2）那条裙子原来 1000 块，现在（ 涨 ）到 1500 了。

（3）他（ 直到 ）上大学才第一次离开家。

（4）请（ 相信 ）我，我说的都是真的。

（5）他（ 付 ）了学费以后，就没有多少钱了。

（6）汽车已经开走了，你（ 要是 ）早五分钟来（ 就好了 ）。

（7）你能借我点儿钱吗？我钱包（ 丢 ）了。

（8）使劲儿跑！（ 直到 ）跑不动了为止。

要求

1. 请先独立填写答案；
2. 填好后同学之间可以讨论；
3. 最后听录音。

三 语言能力检测

4-7 听句子，判断正误

1. 我要是能看懂中文电影就好了。

   判断：他现在想看电影了。 （ × ）

2. 捡到你的手机还给你是应该的，怎么能要你的钱呢？

   判断：他想知道买一个手机多少钱。 （ × ）

3. 我没带现金，用手机付款可以吗？

   判断：他想用手机付钱。 （ √ ）

4. 我工作那么努力，是不是应该多涨点儿工资？

   判断：他的工资没有涨。 （ × ）

5 我想和您一起吃晚饭

课　文

爸爸下班到家已经很晚了，他很累，而且有点儿烦。五岁的儿子还在等他。“爸爸，我可以问您一个问题吗？”

“什么问题？”

“爸爸，您一个小时挣多少钱？”

“这跟你没有关系，你为什么问这个问题？”父亲生气地问。

“我只是想知道，您告诉我吧，您一小时挣多少钱？”

“假如你一定要知道的话，我一小时挣二十美元。”

“哦，”儿子低下了头，接着又说，“爸爸，可以借我十美元吗？”

父亲非常生气：“如果你只是借钱去买毫无意义的玩具的话，最好回到你的房间去，好好想想你为什么这么自私。我一天到晚辛辛苦苦地工作，你就知道玩儿。”

儿子安静地回到自己的房间。

父亲坐下来后还在生气。后来，他平静了下来。他开始想自己可能对孩子太凶了——也许孩子真的很想买什么东西，再说，他平时很少向自己要钱。

父亲走进儿子的房间：“你睡了吗，孩子？”

“爸爸，我还没睡。”儿子回答。

“我刚才对你太凶了，”父亲说，“这是你要的十美元。”

“爸爸，谢谢你。”儿子高兴地叫着，从枕头下拿出一些弄皱了的钞票，慢慢地数着。

“你已经有钱了，为什么还要？”父亲问。

“因为之前不够，可是现在够了。”儿子回答，“爸爸，我现在有二十美元了，我可以向您买一个小时的时间吗？明天您早点儿回家——我想和您一起吃晚饭。”

（根据《深圳青年》文章《20美元》改写）

练 习

一 字义与词义

1. 请仔细品味字义与词义的关系，并完成练习

（1）“钱”可以组成很多词语，比如“挣钱、借钱、还钱、省钱、花钱”，试着理解每个词语的意思，并选词填空。

① 一个人的幸福程度跟（ 挣钱 ）多少有关系吗？

② 他每天打三份工，钱虽然挣了不少，可是完全没时间（ 花钱 ）。

③ 租房子太贵，最（ 省钱 ）的办法是跟父母一起住。你会这样做吗？

（2）“玩具”的“玩”也可以组成很多词语，比如“开玩笑、好玩儿”，试着理解每个词语的意思，并选词填空。

① 哪个小孩子不喜欢玩儿（ 玩具 ）呀？

② 我和你（ 开玩笑 ）呢，你别生气呀。

③ A：这个新游戏很（ 好玩儿 ），咱们一起玩儿吧。

B：“好玩儿”是什么意思呀？

A：就是“有趣”“有意思”。

5-2 **2. 请仔细听录音，找出每组句子有什么共同的地方**

第一组：① 他的钱都是写小说挣来的。

② 他打算挣了钱就去旅行。

③ 他卖土豆挣了 100 块。

（课文例句：爸爸，您一个小时挣多少钱？）

第二组：① 他喜欢画画儿，这个爱好跟他父亲有关系。

② 这件事跟你没关系，你别问了。

③ 快乐跟别人没关系，只跟自己有关系。

（课文例句：这跟你没有关系，你为什么问这个问题？）

第三组：① 这件事我得好好想想。

② 好好学习，天天向上。

③ 周末到了，我要好好休息一下。

（课文例句：好好想想你为什么这么自私。）

第四组：① 他一天到晚地工作，没时间和孩子玩儿。

② 考试前，学生们一天到晚都在学习。

③ 别一天到晚地玩儿游戏，重要的事情还有很多。

（课文例句：我一天到晚辛辛苦苦地工作，你就知道玩儿。）

第五组：① 火车票很难买，再说，我刚来半年，所以寒假就不回家了。

② 住在宿舍很方便，再说，也便宜，所以大部分人都住宿舍。

③ 我最近太忙了，再说，这个电影我也不喜欢，你自己去看吧。

（课文例句：也许孩子真的很想买什么东西，再说，他平时很少向自己要钱。）

二 听解课文

5-3 1. 初听全文，回答下列问题

（3）这是一个什么样的父亲？在你认为正确的答案后面画"√"。

很忙（ √ ）　很辛苦（ √ ）　很富有（ ）

很穷（ ）　不喜欢孩子（ ）

5-4 2. 再听全文，根据课文内容判断正误

（1）父亲一回家，儿子就向他要钱。（ × ）

（2）父亲对儿子的问题感到很生气。（ √ ）

（3）儿子向父亲要钱不是为了买玩具。（ √ ）

（4）儿子向父亲要 20 美元。（ × ）

（5）父亲一开始并没有给儿子钱。（ √ ）

（6）儿子经常向父亲要钱。（ × ）

（7）父亲最后给了儿子 10 美元。（ √ ）

（8）儿子想用 20 美元给父亲买一件礼物。（ × ）

（9）儿子想用 20 美元请父亲吃饭。（ × ）

（10）父亲不常跟儿子一起吃晚饭。（ √ ）

5-5 3. 三听全文

（1）根据课文内容选择正确答案。

① 父亲回家后，儿子问他的第一个问题是什么？（ C ）

A. 每天工资是多少　B. 能一起吃晚饭吗

C. 一小时收入多少　D. 能不能借钱给他

② 儿子向父亲要 10 美元，父亲有什么反应？（ A ）

A. 很生气　B. 很安静

C. 觉得没有意义　D. 很高兴

③ 儿子回自己的房间以后，父亲为什么又不生气了？（ C ）

A. 因为10美元并不多

B. 因为儿子没有坚持向他要钱

C. 因为他觉得儿子可能真的想买什么东西

D. 因为儿子非常难过

④ 儿子想用20美元做什么？（ A ）

A. 向父亲买一个小时的时间　　B. 请父亲吃一顿饭

C. 给自己买一些玩具　　D. 给父亲买一件礼物

⑤ 关于这个故事，下面哪项正确？（ A ）

A. 我们应该花一些时间陪家人

B. 我们不应该辛苦地工作

C. 父母不应该对孩子太凶

D. 父母应该多给孩子一些钱

5-6 **5. 听录音中的问题，然后用所给词语回答**

（1）A：就要放假了，你打算干什么？

（2）A：你怎么不坐车来？骑车多累呀。

（3）A：我在北京待三天，应该去哪儿玩儿呢？

（4）A：好久不见，你忙什么呢？

（5）A：手机刚买回来就坏了，怎么回事？

5-7 **6. 选词填空**

跟……有/没有关系　挣　借　一天到晚　好好　再说　最好　烦　够

（1）今天她生日，我们应该（ 好好 ）庆祝一下。

（2）（ 一天到晚 ）都干一样的事，肯定会（ 烦 ）。

（3）这个地方我没听说过，（ 再说 ），现在也没时间去呀。

（4）这本书不是我的，是跟朋友（ 借 ）的。

（5）好的工作不仅要能（ 挣 ）钱，而且还要有意义。

（6）你的建议我们会（ 好好 ）考虑的。

（7）有的孩子不愿意上学，这（ 跟 ）学校和家长都（ 有关系 ）吧？

（8）在这件事上，你（ 最好 ）别花太多时间。

（9）500块钱（ 够 ）买一个手机吗？

要求

1. 请先独立填写答案；
2. 填好后同学之间可以讨论；
3. 最后听录音。

三 语言能力检测

5-8 听对话，选择正确答案

1. 男：你春节怎么没回家呀？一个人在北京过的？

 女：我每次回去都会有人问，"一个月挣多少钱啊？""怎么还没有男朋友啊？"，烦死了，所以今年就没回去。

 问：他们在聊什么？（ B ）

 A. 春节怎么回家　　B. 春节为什么没回家

 C. 一个月挣多少钱　　D. 找什么样的男朋友

2. 男：咱们一天到晚辛辛苦苦地工作，可是小宝呢，就知道玩儿！

 女：你别说小宝了，你没回来的时候，他一直在学习呢，他也很辛苦，你就让他玩儿会儿吧。

 问：根据对话，下面哪项正确？（ C ）

 A. 男的和女的看法一样　　B. 男的对工作不满意

 C. 他们是小宝的父母　　D. 女的希望大家都玩儿会儿

6 别自己吓自己

课 文

有一天，我觉得自己好像生病了，就去图书馆借了一本医学书。读完介绍肺病的内容后，我“发现”自己得肺病已经好几个月了，我被吓坏了。我很想知道自己还有什么病，就读完了整本医学书，结果发现，除了没有妇科病以外，我全身什么病都有！

我想弄清楚我到底还能活多久，就自己给自己诊断了一下：先找脉搏，开始连脉搏都没有，后来发现脉搏一分钟140次！接着，我又去找自己的心脏，但无论如何也找不到，我害怕极了。

我往图书馆走的时候，觉得自己是个幸福的人，可当我走出图书馆时，却成了一个浑身都是病的老头儿。

我决定去找我的朋友，一位医生。他给我做了诊断，开了药方。我拿起药方，顾不上看就立刻去了药店，匆匆把药方给了店员。店员看了一眼就把药方还给了我，说：“这是药店，不是食品店，也不是饭店。”我奇怪地看了他一眼，拿回药方一看，上面写的是：牛肉一份，啤酒一瓶，6小时一次。两公里路，每天早上一次。不懂的事就别去想。

我这样做了，直到今天，我还健康地活着。

（根据网络文章改写）

练 习

一 字义与词义

1. 请仔细品味字义与词义的关系，并完成练习

（1）“医学”的“医”可以组成很多词语，比如“医院、医生、就医”，试着理解每个词语的意思，并选词填空。

①“就”有一个意思是“靠近”，也可以理解为“去”，所以（ 就医 ）就是“去医院”。

② 小李正在学习（ 医学 ），他的愿望是毕业以后当（ 医生 ）。

③ 老刘住院了，我今天要去（ 医院 ）看他。

（2）“商店”的“店”也可以组成很多词语，比如“药店、食品店、饭店、书店”，试着理解每个词语的意思，并选词填空。

① 有的小病不用去医院，自己去（ 药店 ）买点儿药就行。

② 大（ 商店 ）离我家太远，买面包、水果什么的我都去楼下的（ 食品店 ）。

③ 想吃好吃的饭菜不一定要去五星级（ 饭店 ），有的街头小饭馆做的菜也非常好吃。

6-2 **2. 请仔细听录音，找出每组句子有什么共同的地方**

第一组：① 听到这个消息，他急坏了。

② 发现自己得了重病，他吓坏了。

③ 三天没好好休息，我累坏了。

（课文例句：读完介绍肺病的内容后，我“发现”自己得肺病已经好几个月了，我被吓坏了。）

第二组：① 除了北京以外，我还去过上海和西安。

② 除了足球以外，他没有别的爱好。

③ 在这个商店，除了买东西以外，还可以吃饭。

（课文例句：除了没有妇科病以外，我全身什么病都有！）

第三组：① 他逛了半天商店，什么东西都没买，两手空空地回来了。

② 你说的这些地方，我哪儿都没去过，哪儿都想去。

③ 这件事谁都不知道。

（课文例句：我全身什么病都有！）

第四组：① 我问了他好几遍，他无论如何也不告诉我。

② 春节快到了，我无论如何也要回家过年。

③ 我无论如何想不到事情会这样。

（课文例句：我又去找自己的心脏，但无论如何也找不到。）

第五组：① 他有时候忙得都顾不上吃饭。

② 下了飞机，他顾不上回家就直接去了公司。

③ 他顾不上跟大家告别就走了。

（课文例句：我拿起药方，顾不上看就立刻去了药店。）

二 听解课文

6-4 2. 再听全文，根据课文内容判断正误

（1）“我”得肺病几个月了，自己却不知道。 （ × ）
（2）“我”有心脏病。 （ × ）
（3）“我”找不到自己的心脏，感到很害怕。 （ √ ）
（4）脉搏每分钟 140 次是不正常的。 （ √ ）
（5）看完病以后，“我”就去了饭店。 （ × ）
（6）药店店员看不懂医生开的药方。 （ × ）
（7）药店没有“我”需要的东西。 （ √ ）
（8）医生认为“我”需要运动。 （ √ ）
（9）吃了医生开的药，“我”的病就好了。 （ × ）
（10）实际上，“我”什么病也没有。 （ √ ）

6-5 3. 三听全文，根据课文内容选择正确答案

（1）“我”为什么要看医学手册？ （ B ）
A. 对医学感兴趣 B. 想知道自己有什么病
C. 想增加自己的知识 D. 想知道自己的病怎么治

（2）通过读医学手册，“我”知道自己没有下面哪种病？ （ C ）
A. 肺病 B. 心脏病 C. 妇科病

（3）“我”为什么去找医生？ （ C ）
A.“我”有点儿不舒服 B.“我”想让医生读一读医学手册
C.“我”很担心自己的身体 D.“我”想请他去饭店

（4）读完医学手册以后，“我”有什么变化？ （ A ）
A. 以为自己得了很多病 B. 原来的病更厉害了
C. 觉得自己是个幸福的人 D. 决定当医生

（5）“我”为什么没看处方就直接去了药店？ （ A ）
A. 想快点儿拿到药 B. 相信医生开的药
C. 药店要下班了 D. 想早一点儿回家

（6）下面哪项不正确？ （ C ）
A. 看完医生以后，“我”坚持锻炼身体
B. 看完医生以后，“我”不再胡思乱想
C. 看完医生以后，“我”每天都去饭店
D. 看完医生以后，“我”一直非常健康

（7）这个故事告诉我们什么？ （ B ）

A. 医学书不一定对　B. 不懂的事就别去想

C. 应该努力锻炼身体　D. 人都会担心自己生病

6-6 **4. 边听录音边填空，然后回答问题**

（1）（ 除了 ）没有妇科病（ 以外 ），我（ 浑身 ）什么病都有！

问："我"有什么病？"我"为什么没有妇科病？

（2）（ 先 ）找脉搏，（ 开始 ）连脉搏都没有，（ 后来 ）发现脉搏一分钟 140 次！（ 接着 ），我又去找自己的心脏，但无论如何也找不到，我害怕极了。

问："我"的脉搏有什么问题？正常的脉搏是一分钟多少次？"我"的心脏有什么问题？"我"为什么害怕？

（3）我拿起药方，（ 顾不上 ）看就立刻去了药店，匆匆把药方给了店员。

问：这个句子里的"顾不上""立刻"和"匆匆"说明"我"的心情怎么样？

（4）牛肉（ 一份 ），啤酒（ 一瓶 ），6 小时（ 一次 ）。两（ 公里 ）路，每天早上一次。

问：按照这个药方，"我"每天应该做什么？

6-7 **7. 选词填空**

除了……以外　V/Adj 坏了　谁 / 什么……都　无论如何　顾不上

要求

1. 请先独立填写答案；
2. 填好后同学之间可以讨论；
3. 最后听录音。

（1）刚来的时候，他（ 谁都 ）不认识，现在交了不少朋友。

（2）他常常忙得（ 顾不上 ）回家看父母。

（3）那个商店（ 什么 ）东西（ 都 ）有，价格也很便宜。

（4）（ 除了 ）汉语（ 以外 ），你还会说什么语言？

（5）你（ 无论如何 ）不要相信他的话。

（6）他找到了工作，高兴（ 坏了 ）。

（7）他工作太忙了，（ 顾不上 ）做饭，只能吃方便面。

（8）我的好朋友结婚，我（ 无论如何 ）要去参加他的婚礼。

（9）（ 除了 ）上海（ 以外 ），我还去过西安和重庆。

（10）最近的温度都在 36 度以上，把大家都热（ 坏了 ）。

三 语言能力检测

6-8 听句子，判断正误

1. 除了没有人请我吃饭以外，别的什么事都有人找我。
   判断：有很多人找他吃饭。 （ × ）
2. 刚来的时候，我连一句汉语都不会说，现在呢，我自己在中国旅行都没有任何问题了。
   判断：他的汉语说得越来越好了。 （ √ ）
3. 年轻的时候，我认为比钱重要的东西有的是，现在老了，发现钱还是挺重要的。
   判断：现在他认为钱不是最重要的。 （ × ）
4. 如果你不是医生，就不要随便给自己做诊断，更不要根据一本医学书来自我诊断。
   判断：应该让医生来做诊断。 （ √ ）
5. 老跟别人比，快乐也会变成不快乐。
   判断：不要经常跟别人比较。 （ √ ）

7 年龄不是问题

课 文

有一位80岁的老人，他很喜欢下棋，每天都到俱乐部和朋友下几个小时棋，然后再慢慢散步回家，日子过得很舒服。

有一次，他的朋友病了，没法儿和他下棋了。管理员为他安排了一个新棋友，他觉得不适应，放弃了。老人失望地准备回家。管理员说："如果您不想下棋，还可以换一种活动，比如画画儿。"在管理员的建议下，他来到了俱乐部的画画儿教室。那里的管理员说："先生，您可以在这里试着画画儿。"老人听了哈哈大笑："说什么？让我画画儿，我可是从来没有摸过画笔。""那有什么关系？您可以试着画一幅，说不定您会觉得这十分有意思。"管理员鼓励他说。于是，老人第一次拿起了画笔。他在那里待了一下午，觉得真的很有意思。

老人决定开始学画画儿。81岁的时候，他到学校去上画画儿课。他把自己的时间全部用在了画画儿上。

这位老人就是哈里·莱伯曼。

20年后，一家很有名的艺术馆为他举办了画展，名字叫"哈里·莱伯曼101岁"。哈里·莱伯曼的画儿充满了活力和想象力，被许多人收藏。哈里·莱伯曼创造了一个奇迹：那么大的岁数才开始学画画儿，而且画得很成功。在他101岁的时候，还有那么多人喜欢他的画儿。

一个人只要专心做一件事，年龄对他来说，往往是不重要的。

（根据流沙文章改写）

练 习

一 字义与词义

1. 请仔细品味字义与词义的关系，并完成练习

（1）“专心”的“心”可以组成很多词语，比如“小心、粗心、担心、操心”，试着理解每个词语的意思，并选词填空。

① 他特别（ 粗心 ），不是忘了带钥匙，就是忘了带手机。

② 上课（ 专心 ）听讲，比下课花很多时间学习有效得多。

③ 这段时间没怎么学习，我（ 担心 ）期末考试会不及格。

（2）“画”可以组成很多词语，比如“画画儿、画笔、画展、画家、油画、国画”，试着理解每个词语的意思，并选词填空。

① 齐白石先生是中国有名的（ 画家 ）。

② 美术馆现在有什么（ 画展 ）？

③ 老人从来没有摸过（ 画笔 ），也没想到自己会喜欢（ 画画儿 ）。

7-2 **2. 请仔细听录音，找出每组句子有什么共同的地方**

第一组： ① 刚来不久，我就适应了这儿的生活。

② 他的适应能力特别强，在哪儿都能愉快地生活。

③ 吃的东西我很喜欢，但这里的气候我还不太适应。

（课文例句：管理员为他安排了一个新棋友，他觉得不适应，放弃了。）

第二组： ① 对听力课，你有什么建议？

② 我建议周末大家一起去长城。

③ 这个建议是谁提出来的？

（课文例句：在管理员的建议下，他来到了俱乐部的画画儿教室。）

第三组： ① 她们俩长得真像，说不定是姐妹呢。

② 你试试看一看这本书吧，说不定能看懂。

③ 起风了，说不定过一会儿会下雨。

（课文例句：您可以试着画一幅，说不定您会觉得这十分有意思。）

第四组： ① 他在北京待了半年，汉语水平提高了不少。

② 退休以后，他每天都待在家里，哪儿也不去。

③ 他在艺术馆待了整整一天。

（课文例句：他在那里待了一下午，觉得真的很有意思。）

第五组：① 他把时间都用在工作上了。
② 我不想把钱都花在买衣服上。
③ 他们俩把时间和钱都花在孩子身上了。
（课文例句：他把自己的时间全部用在了画画儿上。）

二 听解课文

7-4 2. 再听全文，根据课文内容判断正误

（1）这位老人每天都到朋友家下棋。（ × ）
（2）朋友病了，老人跟另外一个人下棋也很高兴。（ × ）
（3）管理员建议老人去画画儿。（ √ ）
（4）管理员相信老人一定能成为画家。（ × ）
（5）老人以前从来没画过画儿。（ √ ）
（6）老人觉得画画儿没有意思。（ × ）
（7）老人在 101 岁的时候参加了画画儿比赛。（ × ）
（8）老人在 101 岁的时候举办了画展。（ √ ）
（9）老人的作品被许多人收藏。（ √ ）

7-5 3. 三听全文

（1）根据课文内容给下面的句子排序。

5	A	老人到学校学习画画儿。
2	B	老人的朋友病了。
1	C	老人每天到俱乐部和朋友下棋。
6	D	艺术馆为老人举办了画展。
4	E	老人在管理员的建议下开始练习画画儿。
3	F	老人不愿意和新棋友下棋。

7-6 5. 选词填空

适应　建议　俱乐部　说不定　待　把时间 / 钱花 / 用在……上

（1）天这么阴，（ 说不定 ）要下雨了。
（2）我什么都习惯了，就是还不（ 适应 ）那里的天气。
（3）他在上海（ 待 ）了三年，能听懂上海话。
（4）他（ 把 ）时间都（ 花在 ）工作上了。

要求
1. 请先独立填写答案；
2. 填好后同学之间可以讨论；
3. 最后听录音。

（5）我应该去哪儿工作，你有什么（ 建议 ）？

（6）我好几天没见到他了，（ 说不定 ）他已经回国了。

（7）毕业了，不能老（ 待 ）在家里呀。

（8）这个工作压力太大，我很不（ 适应 ）。

（9）朋友（ 建议 ）我住在学校宿舍，这样上课就方便了。

（10）他（ 把 ）钱都（ 花在 ）了不该花的地方。

（11）你帮我报个名，我就参加乒乓球（ 俱乐部 ）吧，我喜欢打乒乓球。

三 语言能力检测

7-7 听句子，判断正误

1. 你说你没摸过画笔，那有什么关系？大家都是从不会画画儿开始学的呀。
   判断：说话人在鼓励对方学画画儿。（ √ ）
2. 他把时间都用在画画儿上了，再过几年，说不定就能办画展了。
   判断：几年前，他成功举办过一次画展。（ × ）
3. 他虽然七十多岁了，可是因为一直锻炼，身体非常好，充满了活力。
   判断：他是一位有活力的老人。（ √ ）
4. 有很多人觉得成功就是挣钱多，我可不同意。
   判断：我觉得成功的人挣钱都不多。（ × ）
5. 如果世界上真有奇迹，那只是努力的另一个名字。
   判断：努力才能创造奇迹。（ √ ）
6. 人生就像下棋，一步走错了，就全输了，而且人生还不如下棋，不可能再来一盘。
   判断：人生比下棋有意思。（ × ）

8 猜猜他是谁

课文

①

老　师：刚才你们在口语课上都做了自我介绍，不过，可能彼此还不太熟悉。现在，我们来做一个练习，我发给每个人一张表，请大家填写。先写上你的性别，男的还是女的。然后再用几个词描写一下你的外貌，比如穿什么衣服啊、头发是什么颜色的啊、长得高不高啊什么的。要让别人一看你写的内容，就能猜出来是你。

学生$_1$：老师，不写名字吗？

老　师：对，不要写名字。下面要写的是你的性格，咱们先一起说说，哪些词是描写性格的？

学生$_1$：开朗、活泼、乐观。

学生$_2$：害羞，不爱说话。

老　师：对，说得不错。接下来请你写出你最喜欢做的事和最不喜欢做的事。写完以后把表交给我，我再分给大家，然后你们猜一猜，你拿到的那张表是谁写的。你可以问一些问题，但不能问“这是你吗？”。

②

老　师：好，开始猜吧。

学生$_1$：老师，我猜出来了，这个是他。

老　师：你是怎么猜出来的？

学生$_1$：他说他穿着白色的T恤，我们班只有他穿的是白色T恤。

老　师：嗯，你猜得很快。

学生$_2$：我也猜出来了，他说他是班里最帅的人。这个一定是大山。

老　师：你觉得大山是最帅的吗？

学生$_2$：那倒不是，是大山自己觉得自己最帅。

大　山：哈哈，你猜对了，我就是最帅的。

学生$_3$：我也猜出来了，这个人一定是丹尼。因为他说他最喜欢的是他英国的自行车，我们班有两个英国人，只有他是男的。

老　师：不错。还有谁猜出来了？

学生$_4$：我猜这是小林。她说她最喜欢的事是买东西。

老　师：喜欢买东西的人又不止小林一个，你怎么知道是她呢？

学生$_4$：我问了我们班每一个女生，只有她最喜欢买东西。

老　师：好了，这个练习就做到这儿。现在请你们把手里的表还给填表的同学，每个同学在表上写上自己的名字、手机号码和电子邮件，然后交给我。我回去做一个通信录，下星期发给大家。

（作者：傅由）

练　习

一 字义与词义

1. 请仔细品味字义与词义的关系，并完成练习

（1）“性别”的“性”可以组成很多词语，比如“性格、男性、女性、同性、异性”，试着理解每个词语的意思，并选词填空。

① 人们说（性格）决定命运，意思是，你有什么样的性格，就会有什么样的命运。

② 请在（性别）下面写“男”或者“女”。

③ 在你们国家，同样的工作，（女性）的工资跟（男性）的一样多吗？

（2）“写”可以组成很多词语，比如“填写、描写、写作”，试着理解每个词语的意思，并选词填空。

① 今天（写作）课的作业是写一篇 500 字以上的作文。

② 去银行开户，需要（填写）一个申请表。

③ 请你用三个词（描写）一下你的性格。

8-2 **2. 请仔细听录音，找出每组句子有什么共同的地方**

第一组：① 请写上手机号码、电子邮件什么的。

② 那个商店的裤子、T 恤什么的都很便宜。

③ 旅行的时候，钱和护照什么的都得带着。

（课文例句：用几个词描写一下你的外貌，比如穿什么衣服啊、头发是什么颜色的啊、长得高不高啊什么的。）

第二组：①他一到中国，就买了手机。
②我打算一放假就回国。
③春天一到，去旅行的人就多了。
（课文例句：要让别人一看你写的内容，就能猜出来是你。）

第三组：①你猜得出来他的年龄吗？
②你猜，我刚才看见谁了？
③我猜这张画儿是他画的。
（课文例句：老师，我猜出来了，这个是他。）

第四组：①打车肯定不止二十块，还是坐公共汽车吧。
②下雨了，没带雨伞的不止我一个。
③我们班通过 HSK 六级的不止十个人。
（课文例句：喜欢买东西的人又不止小林一个，你怎么知道是她呢？）

第五组：①请把作业交给老师。
②他上星期就把书还给我了。
③请你把作业发给同学们。
（课文例句：我回去做一个通信录，下星期发给大家。）

二 听解课文

8-3 1. 初听全文，回答下列问题

（3）他们在干什么？（B）

A. 做游戏　B. 上课　C. 聊天儿

8-4 2. 听课文第一部分，选择正确答案

（1）老师要求学生做什么？（C）

A. 自我介绍　B. 互相介绍　C. 填表　D. 互相问问题

（2）什么内容不用填？（A）

A. 姓名　B. 性别　C. 性格　D. 外貌

（3）下面哪一项跟“外貌”无关？（D）

A. 穿什么衣服　B. 头发的颜色　C. 高矮胖瘦　D. 活泼开朗

（4）填完表以后做什么？（A）

A. 把表交给老师　B. 把表交给同学

C. 把表留给自己　D. 把表放到一起

8-5 3. 再听课文第一部分，判断正误

（1）这个班的学生谁都不认识谁。（ × ）

（2）学生要根据别人填写的内容猜是谁写的。（ √ ）

（3）学生要告诉别人哪个是自己的表。（ × ）

（4）猜的时候，不能问“这是你吗？”。（ √ ）

8-6 4. 将听到的内容填到表中相应的位置

A. 穿牛仔裤　B. 戴眼镜　C. 开朗　D. 活泼　E. 不喜欢太早上课

F. 爱做饭　G. 不高不矮　H. 蓝色的眼睛　I. 喜欢打篮球

J. 爱帮助人　K. 女

性别	K
外貌	A、B、G、H
性格	C、D
喜欢的事	F、I、J
不喜欢的事	E

8-7 5. 边听录音边填空

（1）用几个词（ 描写 ）一下你的外貌，（比如）穿什么衣服啊、头发是什么（ 颜色 ）的啊、长得高不高啊（ 什么的 ）。要（ 让 ）别人一看你写的内容，就能（ 猜出来 ）是你。

（2）写完以后把表（ 交给 ）我，我再（ 分给 ）大家，然后你们（ 猜一猜 ），你拿到的那张表是谁写的。

8-8 6. 听课文第二部分，完成下面的任务

录音中有大山、丹尼和小林三个人名，他们是男的还是女的？请在正确答案后面画“√”。他们有什么特点？请根据录音内容连线。

大山（男√　女　）

丹尼（男√　女　）

小林（男　女√ ）

穿白色T恤

喜欢买东西

觉得自己最帅

长得好看

有一辆自行车

英国人

8-9 **7. 再听课文第二部分**

（2）用“交给、还给、发给”三个词填空。

现在请你把手里的表（ 还给 ）填表的同学，每个同学在表上写上自己的名字、手机号码和电子邮箱，然后（ 交给 ）我。我回去做一个通信录，下星期（ 发给 ）大家。

8-10 **9. 选词填空**

猜	发 / 分 / 交 / 还给	一……就……	什么的	不止

（1）我（ 一 ）考试（ 就 ）紧张。

（2）我跟你说过（ 不止 ）三次了，你怎么还记不住啊？

（3）请把作文（ 交给 ）我，下星期我再（ 发给 / 还给 ）大家。

（4）（ 不止 ）小林，别的女生也喜欢买东西。

（5）听广播、看电视（ 什么的 ）都可以帮你学中文。

（6）有四个答案，我不知道哪个正确，只能（ 猜 ）。

（7）我（ 不止 ）一次去过那里，对那里非常熟悉。

（8）他到底有多大，别人很难（ 猜 ）出来。

（9）请帮我把卷子（ 发给 ）大家，每人两张。

要求

1. 请先独立填写答案；
2. 填好后同学之间可以讨论；
3. 最后听录音。

三 语言能力检测

8-11 **听对话，选择正确答案**

1. 男：如果你看到一个亚洲人，猜得出来他是日本人、韩国人，还是中国人吗？

   女：可以根据他穿衣服的方式和他的动作猜，如果他也说中文，听他的发音一般都能听出来他是哪国人。

   问：下面哪一项女的没有提到？（ B ）

   A. 怎么穿衣服　　B. 会什么语言

   C. 他的动作　　D. 中文的发音

2. 男：你看，我今天是不是特别帅？那个卖衣服的一直叫我“帅哥”。

   女：这你也信？他是想让你买他的衣服。他叫你帅哥，你就高兴，你一高兴，就买了呀。

   问：根据对话，下面哪项正确？（ C ）

   A. 卖衣服的认为男的很帅　　B. 男的买了不少衣服

   C. 卖衣服的叫男的帅哥是希望他买衣服　　D. 男的很愿意买衣服

9 自己快乐就好

课　文

星期六，我和妻子去公园玩儿。天气预报说有雨，我们带了伞。那天果然下起了大雨。游客很多，有不少人没带伞，雨下得很大，他们立刻被淋成了落汤鸡。我和妻子衣服干干的，只是鞋子湿了一点儿。

那天妻子很快乐。

第二天，我们去另一个地方玩儿。天气预报还是说有雨，我们仍然带了伞。可是那天却没有下雨，于是伞成了我们手中的累赘。看着别的没有带伞的游客两手空空、十分轻松的样子，妻子开始后悔：不该带伞。

这一天妻子不快乐。

妻子说："昨天大雨把别人淋成落汤鸡，而我没被淋，所以我快乐。今天别人手里没有累赘，我有累赘，所以我不快乐。"

于是我明白了：原来快乐与不快乐并不在于自己是不是过得好，而在于跟别人比较自己是不是过得好。

于是我又明白了：为什么昨天我们会为有了一辆自行车而快乐得睡不着觉，今天有了汽车却心烦得吃不下饭。不是因为开车比骑车慢，而是因为过去你骑车比别人走得快，今天你的"捷达"却比不上别人的"奔驰"。

我明白了很多，但有一条不明白：干吗老是跟别人比？自己觉得快乐，这还不够吗？为什么要让自己的快乐在跟别人的比较中变成不快乐呢？

（根据廖钧文章《为什么烦恼》改写）

练　习

一　字义与词义

1. 请仔细品味字义与词义的关系，并完成练习

（1）“游客”的“客”还可以组成很多词语，比如“乘客、顾客、客人”，试着理解每个词语的意思，并选词填空。

① 一到周末，超市的（ 顾客 ）就特别多。

② 各位（ 乘客 ），前方到站是动物园，请做好下车准备。

③ 这是一个新的旅游景点，（ 游客 ）不算多。

（2）“雨”可以组成很多词语，比如“下雨、小雨、中雨、大雨、雨伞、雨鞋、雨衣”，试着理解每个词语的意思，并选词填空。

① 下雨了，小孩子高兴坏了，穿上（ 雨鞋 ），打上（ 雨伞 ），在院子里跑来跑去。

② 天气预报说有（ 小雨 ），要带伞吗？

③ 下雨天，我骑车出门，打伞不方便，只能穿（ 雨衣 ）。

9-2 **2. 请仔细听录音，找出每组句子有什么共同的地方**

第一组：① 我们去的那个公园很美，只是人有点儿多。

② 这个电影很有趣，只是有点儿长。

③ 这个饭馆的菜特别好吃，只是太贵了。

（课文例句：我和妻子衣服干干的，只是鞋子湿了一点儿。）

第二组：① 做事以前要好好想想，做了就不要后悔。

② 他很后悔年轻时没有努力学习。

③ 我真后悔没听你的话！

（课文例句：看着别的没有带伞的游客两手空空、十分轻松的样子，妻子开始后悔：不该带伞。）

第三组：① 我不是不想去，而是没时间去。

② 不是这个菜难吃，而是你还不习惯。

③ 我不是不告诉你，而是真的不知道。

（课文例句：不是因为开车比骑车慢，而是因为过去你骑车比别人走得快，今天你的“捷达”却比不上别人的“奔驰”。）

第四组：① 在中国，元旦比不上春节重要。

② 你的力气可比不上我。

③ 农村的交通比不上城市。
（课文例句：今天你的“捷达”却比不上别人的“奔驰”。）

第五组：① 你怎么老迟到啊？一个星期迟到了五次！
② 我不想老待在家里，得出去找工作了。
③ 孩子老问：“爸爸什么时候回来呀？”
（课文例句：干吗老是跟别人比？）

二 听解课文

9-3 **1. 初听全文，判断课文的主要内容是什么，在括号里画“√”**

（1）旅游时该不该带伞 （ ）
（2）天气预报也会错 （ ）
（3）是否应该整天和别人比 （ √ ）

9-4 **2. 再听全文，根据课文内容选择正确答案**

（1）第一天妻子为什么很快乐？ （ C ）
A. 公园很漂亮 B. 天气非常好
C. 别人淋湿了，自己没淋湿 D. 玩儿得十分轻松

（2）第二天妻子为什么不快乐？ （ D ）
A. 又下雨了 B. 天气不好
C. 他们被淋成了落汤鸡 D. 别人轻松，自己不轻松

（3）作者认为，人们快乐的原因是什么？ （ D ）
A. 自己很走运 B. 别人过得好
C. 不管别人的事 D. 自己比别人过得好

（4）下面哪一项是作者的观点？ （ A ）
A. 不要老跟别人比较 B. 有比较才能有快乐
C. 自己快乐不是真的快乐 D. 自行车有时比汽车还好

（5）有一辆自行车为什么那么快乐？ （ C ）
A. 自行车质量好 B. 骑着特别舒服
C. 别人都没有自行车 D. 自行车比汽车还快

（6）为什么有人有了汽车却心烦？ （ D ）
A. 汽车开不快 B. 担心车会坏
C. 自己的车比别人的车贵 D. 自己的车不如别人的车好

9-5 **3. 三听全文**

（1）根据课文内容，在事情、心情和原因之间连线

下雨，带了雨伞	没淋湿
没下雨，带了雨伞	有累赘
有了自行车	没有别人的好
有了汽车	比别人走得快

5. 把词语和它们的意思连起来，然后填空

落汤鸡	总是
老	什么都不拿
两手空空	不快乐
心烦	衣服都湿透了的人
累赘	多余的；麻烦的

（1）作业写不完，真让人（ 心烦 ）。

（2）你别（ 老 ）批评他了，他已经后悔了。

（3）下大雨了，我没带伞，结果被淋成了（ 落汤鸡 ）。

（4）别人都拿了很多东西，只有我（ 两手空空 ），真轻松啊。

（5）不要（ 老 ）跟别人比，你一点儿也不差。

（6）哥哥，你们打球带上我吧，我不是（ 累赘 ），我可以帮你们捡球。

9-6 **6. 选词填空**

后悔　比较　比不上　轻松　累赘　两手空空　骑车　汽车　老

（1）我们俩学习汉语的时间一样长，可是我的汉语（ 比不上 ）他。

（2）通过（ 比较 ），我发现这个食堂的饭菜更好吃。

（3）每次旅行我都不带太多东西，这样可以（ 轻松 ）地玩儿。

要 求

1. 请先独立填写答案；
2. 填好后同学之间可以讨论；
3. 最后听录音。

（4）事情已经过去了，（ 后悔 ）没有用。
（5）去别人家做客，最好带点儿东西，不要（ 两手空空 ）地去。
（6）我们那儿常常堵车，我（ 骑车 ）上班，比开（ 汽车 ）还快呢。
（7）爬山的时候带什么书啊，那不是（ 累赘 ）吗？
（8）刚四十多岁，干点儿什么就（ 老 ）喊累，你不是有什么问题吧？

三 语言能力检测

9-7 听对话，选择正确答案

1. 女：天气预报说有雨，你怎么不带伞啊？
男：我这衣服防水，不怕小雨。如果是大雨，带伞也没用。而且我的书包小，伞放不进去。如果带伞，得一直拿着，太麻烦了。
问：男的不带伞的原因，下面哪一项对话中没有提到？（ A ）
A. 他觉得不会下雨　　B. 下大雨的话打伞也没用
C. 他的衣服不怕小雨　　D. 带伞很麻烦

2. 男：我考试考了 90 分，我妈听了特高兴。可是她知道小明考了 95 分，马上就不高兴了，觉得我考得不好，说我不努力。
女：我觉得跟自己比就可以了，不要老跟别人比，整天比来比去的，永远高兴不了。
问：根据对话，下面哪项正确？（ A ）
A. 比较后，妈妈的情绪变了　　B. 妈妈认为男生考得很好
C. 女的认为小明学习很努力　　D. 女的认为以后努力就可以了

10 哭可以减轻压力

课文

① 一位朋友告诉我，他每次感到生活压力太大时，就会去看场电影，他说："我会找一部让人特别伤心的电影，看完以后，一个人大哭一场。"一位有三个儿子的年轻母亲也用同样的方法。每次孩子吵得太厉害或者特别烦的时候，她就把孩子们送到奶奶家去玩儿一个下午，自己听听音乐，哭上一场。她说："过半个小时，我就又能应付一切麻烦了。"

许多人认为哭是不坚强的表现，在一些国家，"以男人为中心"的观念使男人想哭也不敢哭。实际上，如果一个人很悲伤，却忍着不哭，不少疾病都会找上门来。有专家指出，长时间压抑自己，该哭的时候不哭，会引起头疼。

② 哭虽然是很自然的事，但成年人却不能想哭就哭。男人除了遇到像失去亲人这样的事以外，一般是不能哭的。女人在悲伤的情况下当然可以哭，遇到婚礼这样让人激动的场面也可以哭，可如果是失恋了，就只能一个人偷偷地哭。小孩子也只有在身体不舒服或者特别害怕的时候可以哭，他们要是因为得不到想要的东西就哭，就非挨大人的骂不可了。

不少人都哭过，只是不太愿意承认。其实，哭不仅能减轻情绪上的压力，也可以减轻身体上的压力。现代人都生活在压力之下，要跟家人、同事、邻居搞好关系，要做好工作，过好日子，还要在别人面前保持一个好形象。谁没有烦恼和伤心事呢？为了快乐和健康，我们应该学会该哭的时候就哭。

练习

一 字义与词义

1. 请仔细品味字义与词义的关系，并完成练习

（1）“失恋”的“恋”可以组成很多词语，比如“恋人、恋爱、网恋、自恋、早恋”，试着理解每个词语的意思，并选词填空。

① 小李最近（ 失恋 ）了，心里挺难受的，咱们去陪陪他吧。

② 有人觉得（ 网恋 ）不可靠，可我就是在网上认识我妻子的，我们一直都很好。

③ 不少父母认为，孩子上大学以前谈恋爱就是（ 早恋 ）。

（2）“同事”的“同”也可以组成很多词语，比如“同学、同路、同时”，试着理解每个词语的意思，并选词填空。

① 这门课由我和我的（ 同事 ）王老师一起讲。

② 你要去学校啊，那咱们（ 同路 ），上车吧，我带你一段。

③ 她们姐妹俩（ 同时 ）考上了大学，真让人羡慕。

10-2 **2. 请仔细听录音，找出每组句子有什么共同的地方**

第一组：① 运动能减轻压力。

② 有的小学生的压力比大学生还大。

③ 赚钱多的工作压力都大吗？不一定吧？

（课文例句：一位朋友告诉我，他每次感到生活压力太大时，就会去看场电影。）

第二组：① 当老板可不容易，要应付各种问题。

② 为了应付考试，他每天花很多时间读书。

③ 怎么才能应付这么多麻烦呢？

（课文例句：过半个小时，我就又能应付一切麻烦了。）

第三组：① 在他们家，一切以孩子为中心，孩子要什么，父母就给什么。

② 他们那个地方还是以男人为中心。

③ 他从来都以工作为中心，一天到晚都在忙工作。

（课文例句：“以男人为中心”的观念使男人想哭也不敢哭。）

第四组：① 该哭不哭，多难受呀。

② 该说就说，不用管别人怎么想。

③ 该批评就批评。

（课文例句：长时间压抑自己，该哭的时候不哭，会引起头疼。）

第五组：①我不让他去，可他非去不可。

②这个问题非解决不可。

③想看电影，非去电影院不可吗？家里就有投影，跟电影院不是一样的吗？

（课文例句：他们要是因为得不到想要的东西就哭，就非挨大人的骂不可了。）

二 听解课文

10-3 1. 初听全文，判断课文的主要内容是什么，在括号里画“√”

（1）哭可以减轻压力 （√）

（2）男人和女人谁更爱哭 （ ）

（3）人们为什么会生病 （ ）

（4）每天哭对健康有好处 （ ）

10-4 2. 听课文第一部分，判断正误

（1）朋友感到压力大时，就会去看一个快乐的电影。 （×）

（2）朋友看完电影哭一场，压力就减轻了。 （√）

（3）那位母亲把孩子送到奶奶家，就能减轻压力。 （×）

（4）如果很悲伤，却忍着不哭，容易生病。 （√）

（5）一般认为，哭是不坚强的表现。 （√）

（6）经常哭会引起头疼。 （×）

10-5 3. 根据你记忆的课文内容填空，然后跟同学讨论，最后听录音

朋友感到压力大时，就会去看一个（伤心）的电影，然后一个人（哭）一场。一位有三个儿子的母亲，在孩子们（吵）得太厉害或者（特别烦）的时候，就会把孩子送到奶奶家，自己听听（音乐），哭上一场。过半小时，她就又能（应付）一切麻烦了。

10-6 4. 听课文第二部分，填表

男人、女人、孩子，在什么情况下可以在别人面前哭？根据录音内容在表中相应的位置画“√”。

人物	情景					
	失去亲人时	婚礼上	失恋时	不舒服时	害怕时	要东西时
男人	√				—	
女人	√	√			—	
孩子		—		√	√	

10-7 8. 选词填空

以……为中心　偷偷地　非……不可　压力　应付　该V不 / 就V

（1）有问题我们都会帮你的，你不要有（ 压力 ）。
（2）以前（ 以 ）工作（ 为中心 ），退休了，就应该（ 以 ）家庭（ 为中心 ）了。
（3）外边很冷，你穿这么少的衣服，（ 非 ）感冒（ 不可 ）。
（4）他能（ 应付 ）各种困难。
（5）他把自己的秘密（ 偷偷地 ）告诉了我。
（6）（ 该 ）说什么（ 就 ）说什么，不用不好意思。
（7）七点了你还不起床，（ 非 ）迟到（ 不可 ）。
（8）学生应该（ 以 ）学习（ 为中心 ），你别去打工了。
（9）他（ 应付 ）完了考试就每天上网玩儿游戏。

要求
1. 请先独立填写答案；
2. 填好后同学之间可以讨论；
3. 最后听录音。

三 语言能力检测

10-8 听句子，判断正误

1. 人们都不喜欢压力，觉得压力对健康不好。不过压力也不一定是坏事，只有当你认为它会影响你的健康时，它才可能会让你生病或者不舒服。
   判断：压力一定会影响身体健康。（ × ）
2. 他虽然已经退休了，但是名气越来越大，很多人找上门来请他看病，他从来不拒绝。
   判断：他以前可能是大夫。（ √ ）
3. 有人说，应该先做该做的，再做想做的。比如先工作、学习，然后再放松、玩儿。我觉得这样的话，工作和学习都成了让人烦恼的事，做的时候也不会开心，所以我不同意这个说法。
   判断：说话人同意的观点是“只做想做的，不做不想做的”。（ × ）
4. 减轻压力的方法有很多，对我来说，运动是最有用的。压力大的时候去跑两公里，回来心情就不一样了。
   判断：他认为运动可以减轻压力。（ √ ）

11 请把试卷认真读完

课文

① 一个公司要招聘一名经理，有几百人应聘，经过认真挑选，五十个人被通知参加笔试。

考试开始后，考官把试卷发给了大家，试卷上的题目是这样的：

笔试（在三分钟以内完成）

1. 请把试卷认真读完；
2. 请在试卷的左上角写下你的名字；
3. 请在你的名字下面写上汉语拼音；
4. 请写出五种动物的名字；
5. 请写出五种水果的名字；
6. 请写出五座中国城市的名字；
7. 请写出五座外国城市的名字；
8. 请写出五位中国科学家的名字；
9. 请写出五位外国科学家的名字；
10. 请写出五个成语；

……

② 不少考生匆匆看了看试卷，马上就拿起笔在试卷上写了起来。一分钟……两分钟……三分钟，时间很快就到了，除了两三个人在三分钟以内交卷外，其他人都忙着在试卷上写答案。考官宣布考试结束，没有写完的试卷全部作废。那些没做完的考生都抱怨起来："时间这么短，题目又那么多，怎么可能按时交卷呢？"

考官笑着说："很抱歉！虽然你们不能参加我们公司的面试了，但大家可以把自己手上的试卷带走做个纪念。再认真看看，也许对你们今后有帮助。"说完就走了。

听完考官的话，不少人拿起手中的试卷继续往下看，只见后面的题目是这样的：

19. 请写出五个跟"认真"意思相反的词；

20. 如果你已经看完了题目，请只做第二题。

（根据金名文章改写）

练 习

一 字义与词义

1. 请仔细品味字义与词义的关系，并完成练习

（1）根据你对"招聘、应聘"的理解，想一想"聘期、解聘"是什么意思，然后选词填空。

① 这个学校正在招聘老师，你打算（ 应聘 ）吗？

② 他常常迟到早退，后来被公司（ 解聘 ）了。

③ 本公司（ 招聘 ）办公室秘书一名，（ 聘期 ）两年。

11-2 **2. 请仔细听录音，找出每组句子有什么共同的地方**

第一组：① 明天有一场大学毕业生招聘会，你参加吗？

② 看了他们的招聘广告，我打算去应聘。

③ 那个公司要招聘一名经理。

（课文例句：一个公司要招聘一名经理，有几百人应聘。）

第二组：① 我们会在一周以内通知您面试的结果。

② 请在一个小时以内完成试卷。

③ 今天天气不好，一百米以内的东西都看不清楚。

（课文例句：在三分钟以内完成）

第三组：① 他不停地抱怨玩具的质量不好，刚买就坏了。

② 游客一边走一边抱怨天气太热。

③ 没有人喜欢听别人抱怨。

（课文例句：那些没做完的考生都抱怨起来。）

第四组：① 天气这么好，别待在屋子里了，快出去玩儿吧！

② 这么便宜的T恤到哪儿找去呀，还不多买几件！

③ 这么多作业，明天再做吧，反正是周末。

（课文例句：时间这么短，题目又那么多，怎么可能按时交卷呢？）

第五组：① 他每天按时睡觉，按时起床，所以身体才这么好。

② 因为天气原因，飞机不能按时起飞。

③ 每个队都按时到达了比赛地点。

（课文例句：时间这么短，题目又那么多，怎么可能按时交卷呢？）

二 听解课文

11-4 2. 听课文第二部分，判断正误

（1）笔试的题目一共有 20 道。 （ √ ）

（2）考试的题目很难。 （ × ）

（3）考试的时间是 30 分钟。 （ × ）

（4）只有两三个人按时交卷。 （ √ ）

（5）通过笔试的人都可以做总经理助理。 （ × ）

（6）考生要求把试卷带走做纪念。 （ × ）

（7）实际上，考生可以只挑两道题做。 （ × ）

（8）实际上，3 分钟完全可以做完考题。 （ √ ）

（9）大部分考生都没有认真把试卷读完。 （ √ ）

11-5 3. 听全文，选择正确答案

（1）有多少人应聘经理的职位？ （ B ）

A. 一百人　　B. 几百人

C. 五十人　　D. 两三个人

（2）考试要求多长时间以内交卷？ （ A ）

A. 三分钟　　B. 三十分钟

C. 一小时　　D. 没有规定

（3）正确的答卷应该是什么样的？ （ B ）

A. 考生名字下注有拼音　　B. 左上角有考生的名字

C. 做完了试卷上所有的题　　D. 试卷 1、2、3 题必须做

（4）下面哪一项是没有按时交卷的学生可以做的事？ （ D ）

A. 继续把试卷做完　　B. 参加下轮考试

C. 把试卷带回家做　　D. 把试卷带走

（5）没做完的考生抱怨什么？ （ C ）

A. 试卷太难　　B. 招聘的职位太少

C. 题目太多　　D. 不许他们带走试卷

11-6 6. 选词填空

招聘　应聘　以内　抱怨　按时　怎么可能　面试　这么

要求

1. 请先独立填写答案；
2. 填好后同学之间可以讨论；
3. 最后听录音。

（1）他每天都（ 按时 ）到学校，从来不迟到。

（2）半年（ 以内 ）有质量问题免费修理。

（3）他顺利通过了笔试，公司通知他参加明天的（ 面试 ）。

（4）你看到大华公司的（ 招聘 ）广告了吗？

（5）（ 这么 ）大的事，我怎么可能不知道？

（6）这个公司要求（ 应聘 ）者必须会两门外语。

（7）不停地（ 抱怨 ），只能让烦恼更多。

（8）我（ 怎么可能 ）不告诉你，我是真的不知道。

（9）他一会儿（ 抱怨 ）天气太冷，一会儿（ 抱怨 ）东西太贵，好像没什么是他满意的。

三 语言能力检测

11-7 听对话，选择正确答案

1. 女：我明天参加面试，你看我穿这身黑衣服怎么样？

男：太正式了吧？你穿这个好像老了五岁，你再穿一下那身蓝色的我看看。

问：男的是什么意思？（ B ）

A. 面试应该穿正式一点儿　B. 蓝色的那身也许更合适

C. 老人才穿黑色的衣服　D. 黑色的衣服不够正式

2. 女：哎，那儿有一家纪念品店，咱们进去看看？

男：我旅游从来不买纪念品，买的时候挺高兴，带回家都没地方放。

问：男的是什么意思？（ D ）

A. 纪念品都特别贵　B. 他不喜欢逛商店

C. 买纪念品让他不高兴　D. 他不打算买纪念品

12 说了没用就不如不说

畅所欲言

2. 下面哪些句子表示道歉，请在括号里写A；哪些表示没关系，请在括号里写B。

真不好意思！（A）	不要紧。（B）	这算什么呀。（B）
十分抱歉！（A）	对不起！（A）	没事儿！（B）
都怪我！（A）	都是我的错！（A）	算了，算了。（B）
下次注意就行了。（B）	请原谅！（A）	

课文

我小的时候，有一回，爸爸带我去他的朋友家里做客。

主人招呼我们坐下后，拿来两个玻璃杯，给爸爸和我各沏上一杯茶，然后就离开了客厅。就在这时，我面前的那个玻璃杯突然啪啦一声裂开了，碎玻璃和茶水洒了一地。主人听到声音走了过来，爸爸抱歉地说："不好意思，我不小心把杯子打碎了。"我奇怪了，杯子明明是自己碎的，怎么爸爸说是他打碎的呢？我就十分认真地告诉主人："杯子是自己裂的，不是打碎的。"

主人哈哈大笑起来："不是打碎的？杯子好好的怎么会碎呢？一定是你打碎的，对不对？其实不要紧嘛，一个杯子算什么？我不会怪你的。"

事情越闹越糊涂，主人认为是我打碎了杯子。我急了："不是我打碎的，不信你问我爸。"爸爸看着我笑："我说了是我打碎的嘛！"主人也笑了，他不再理我，开始跟爸爸谈生意上的事。

那天，我心里很不是滋味。回来的路上问爸爸，为什么要说杯子是他打碎的。爸爸看着我，摇摇头说："你还小，不懂，等长大了你就明白了。"现在，我终于明白了，世界上的事情，有时候假的更像是真的，而真的反而像假的，这时候，接受假的会比坚持真的更轻松而且有利。

（根据廖钧文章改写）

练 习

一 字义与词义

1. 请仔细品味字义与词义的关系，并完成练习

（1）“客厅”的“厅”还可以组成“餐厅、会议厅、咖啡厅、歌厅”，试着理解每个词语的意思，并选词填空。

① 我家的（ 客厅 ）有二十多平方米，晚上全家人常常在那里聊天儿或者看电视。

② 吃完饭，咱们去（ 歌厅 ）唱卡拉 OK 吧。

③ 我家对面新开了一家（ 餐厅 ），专门卖各种面条儿，生意非常红火。

（2）“滋味”的“味”也可以组成很多词语，比如“口味、美味、气味”，试着理解每个词语的意思，并选词填空。

① 就要毕业了，要跟同学和老师告别了，我心里很不是（ 滋味 ）。

② 在那条美食街上，你可以尝到全国各地的（ 美味 ）。

③ 离开家二十多年了，我的（ 口味 ）一直没有变。

12-2 **2. 请仔细听录音，找出每组句子有什么共同的地方**

第一组：① 真抱歉，让您久等了。

② 他抱歉地说：“我把您的杯子打碎了。”

③ 他对自己的不小心感到非常抱歉。

（课文例句：爸爸抱歉地说：“不好意思，我不小心把杯子打碎了。”）

第二组：① 这点儿小事算什么，你就别客气啦。

② 这点儿小忙算什么，谁见了都会帮上一把的。

③ 看过两遍算什么，我都看了五遍了。

（课文例句：一个杯子算什么？我不会怪你的。）

第三组：① 都怪我不小心，把新买的手机丢了。

② 是我自己没好好准备，不能怪考试太难。

③ 我不会为了这点儿小事怪你的。

（课文例句：一个杯子算什么？我不会怪你的。）

第四组：① 大家都不爱理整天都在抱怨的人。

② 他看到我了，却不理我。

③ 别理他，他嘴里假话太多。

（课文例句：主人也笑了，他不再理我，开始跟爸爸谈生意上的事。）

第五组：① 在这儿待了这么多年，真要走了，心里说不清是什么滋味。

② 经过努力，他们终于尝到了成功的滋味。

③ 他没了工作，心里很不是滋味。

（课文例句：那天，我心里很不是滋味。）

二 听解课文

12-3 1. 初听全文，根据课文内容选择正确答案

（1）那天发生了什么事？（D）

A. 主人沏茶时弄破了杯子　　B.“我”一不小心打碎了杯子

C. 爸爸不小心打碎了杯子　　D. 没有人碰，杯子自己碎了

（2）“我”为什么急了？（D）

A. 因为杯子碎了　　B. 因为爸爸又说假话了

C. 因为主人不理“我”了　　D. 因为主人不相信“我”的话

（3）杯子碎了，主人是什么态度？（C）

A. 很生气　　B. 不太高兴

C. 无所谓　　D. 觉得好笑

（4）“我”为什么心里不是滋味？（A）

A. 不明白爸爸为什么不说真话　　B. 为杯子自己破碎而奇怪

C. 因为主人不理自己　　D. 觉得世界上的事真假难辨

12-4 2. 再听全文，根据课文内容判断正误

（1）这个故事发生在“我”朋友家。（×）

（2）玻璃杯碎了，主人并没有生气。（√）

（3）主人认为玻璃杯是“我”打碎的。（√）

（4）爸爸没有说真话。（√）

（5）主人并没有看到杯子是怎么碎的。（√）

（6）主人和“我”爸爸是生意上的朋友。（√）

（7）“我”长大后才明白假的就是真的，真的就是假的。（×）

（8）“我”现在才明白说假话比说真话好。（×）

12-5 3. 三听全文，判断这些话是谁说的

A. 爸爸　　B. 主人　　C.“我”

（C）1. 杯子是自己裂的，不是打碎的。

（A）2. 不好意思，我不小心把杯子打碎了。

（B）3. 一个杯子算什么？我不会怪你的。

（ B ）4. 不是打碎的？杯子好好的怎么会碎呢？
（ B ）5. 一定是你打碎的，对不对？
（ A ）6. 我说了是我打碎的嘛！
（ A ）7. 你还小，不懂，等长大了你就明白了。

12-6 6. 选词填空

抱歉　道歉　不要紧　算什么　怪　理　（不是）滋味　对不起

（1）真是太（ 抱歉 ）了！这都（ 怪 ）我。
（2）这件事不是你的错，你不用（ 道歉 ）。
（3）我把他的电子词典弄丢了，觉得很（ 对不起 ）他。
（4）他踩了别人的脚，也不（ 道歉 ），真没礼貌。
（5）喝三瓶啤酒（ 算什么 ），我一次能喝五瓶呢。
（6）离开父母去留学，他尝到了想家的（ 滋味 ）。
（7）他这个人特别爱抱怨，我真不想（ 理 ）他。
（8）考得不好（ 不要紧 ），只要努力了就行了。
（9）别人都找到工作了，我却没找到，心里真（ 不是滋味 ）。
（10）我跟他打招呼，可是他没（ 理 ）我。

要求
1. 请先独立填写答案；
2. 填好后同学之间可以讨论；
3. 最后听录音。

三 语言能力检测

12-7 听对话，选择正确答案

1. 男：我这次考试没考好，题目太多了，没做完。
女：不要紧，谁也不能每次都考得特别好呀，这次不好，还有下次呢。
问：女的是什么意思？（ B ）
A. 不要紧张　B. 考不好没关系
C. 下次会考好吗？　D. 谁考得特别好？

2. 女：我对女儿那么好，她不感谢我，反而老跟我生气。
男：孩子大了，你不能像对小孩子那样，什么都要管，你要给她更多的自由。
问：男的是什么意思？（ D ）
A. 女儿大了就会感谢你　B. 女儿生气是因为她太小
C. 女儿太不懂事了　D. 女的管女儿管得太多了

13 一则钟表修理广告

畅所欲言

1. 请模仿例子，为下列词语选择合适的搭配。

修理　免费　对待　不论　赔　排

远近　修表　钟表　队　钱　顾客

课　文

二战期间，在伦敦火车站附近的一家钟表店门前，挂着这样一则广告——尊敬的士兵们：战争时期，如果您的钟表坏了，可以随时到本店修理。本店不记姓名、地址，修理费等您从战场上回来后再还。这个广告对在伦敦的英国、法国士兵们来说，简直就是天上掉馅儿饼的好事。

消息传开了。很快，等待修表的士兵们就在钟表店门前排起了长龙。看到这么热闹的情景，同行们又吃惊又有些高兴。因为事情很明显，那家钟表店肯定会因为“免费”修理而倒闭的。

时间一天天过去了。在同行们的关注和嘲笑中，那家钟表店仍然认真地对待每一位顾客，并没有像他们想的那样因为“免费”修理而倒闭。

渐渐地，人们发现，不但士兵们感激这家钟表店的做法，就连他们的家人、朋友听到这个消息后，不论远近，也都跑到这里来买手表送给要上战场的他们。于是，在士兵中间，拥有一块这个表店卖出的手表成了一种时尚。

这么一来，那家钟表店卖表的收入远远超过修表需要的费用。一则看上去赔钱的广告，却让那家钟表店既赚了钱，又得到了好名声。

（根据高兴同名文章改写）

练 习

一 字义与词义

1. 请仔细品味字义与词义的关系，并完成练习

（1）“嘲笑”的“笑”还可以组成很多词语，比如“开玩笑、微笑、笑话”，试着理解每个词语的意思，并选词填空。

① 别（ 开玩笑 ）了，我哪是什么富翁啊，我是月光族。

② 在别人（ 嘲笑 ）他的时候，他没有放弃。

③ 如果能听懂汉语的（ 笑话 ），就说明你的汉语水平又提高了一点儿。

（2）“热”可以组成很多词语，比如“热闹、热心、热情、热爱”，试着理解每个词语的意思，并选词填空。

① 人们常说“（ 热闹 ）的大街不长草，聪明的脑袋不长毛”，你觉得这话有道理吗？

② 我刚来北京的时候有一天迷路了，一个（ 热心 ）人把我送回了学校。

③ 如果你真正（ 热爱 ）汉语，就不会觉得学汉语很辛苦。

13-2 **2. 请仔细听录音，找出每组句子有什么共同的地方**

第一组：① 如果有问题，可以随时问我。

② 冬天到了，应该随时注意增减衣服，防止感冒。

③ 下雪路滑，随时都可能摔倒，所以走路一定要小心。

（课文例句：如果您的钟表坏了，可以随时到本店修理。）

第二组：① 天下没有免费的午餐。

② 在中国，身高一米二以下的小孩儿可以免费坐车。

③ 现在的电子邮箱服务大部分是免费的。

（课文例句：事情很明显，那家钟表店肯定会因为“免费”修理而倒闭的。）

第三组：① 你觉得这里的售货员对待顾客够热情吗？

② 对待学习和工作，他都是非常认真的。

③ 我们应该正确地对待问题，既不能无视，也不需要过于担心。

（课文例句：那家钟表店仍然认真地对待每一位顾客。）

第四组：① 汉语不像我想的那么难。

② 这个问题不像我想的那么容易。

③ 结婚以后的生活不像她想的那么好。

（课文例句：在同行们的关注和嘲笑中，那家钟表店仍然认真地对待每一位顾客，并没有像他们想的那样因为“免费”修理而倒闭。）

第五组：① 这个工作看上去很轻松，其实非常辛苦。

② 你看上去很累，没事吧？

③ 这辆车看上去挺漂亮，不知道开起来好不好。

（课文例句：一则看上去赔钱的广告，却让那家钟表店既赚了钱，又得到了好名声。）

二 听解课文

13-4 2. 再听全文，根据课文内容判断正误

（1）在这家钟表店修表的士兵永远不用付钱。（ × ）

（2）在这家钟表店修表的士兵可以得到免费的手表。（ × ）

（3）到这家钟表店修表的士兵非常多。（ √ ）

（4）其他钟表店都很羡慕这家钟表店的做法。（ × ）

（5）其他钟表店都以为这家钟表店会倒闭。（ √ ）

（6）士兵的家属和朋友也能在这家钟表店免费修表。（ × ）

（7）这家钟表店卖表的收入超过了修表的费用。（ √ ）

（8）在这家钟表店修表成为一种时尚。（ × ）

（9）拥有一块这家钟表店卖的手表在士兵中成为一种时尚。（ √ ）

13-5 3. 三听全文

（1）根据课文内容选择正确答案。（可多选）

① 关于这家钟表店的广告，下面哪几项正确？（DF）

A. 战争期间，钟表店只对士兵开放

B. 在这里修表的士兵，可以得到免费的馅儿饼

C. 在这里修表的士兵，可以用较低的价格买一块手表

D. 在这里修表的士兵，可以先不付修理费

E. 在这里修表的士兵，可以用假名字和假地址

F. 在这里修表的士兵，可以不留下名字和地址

② 其他钟表店看到这家钟表店的做法有什么反应？（BC）

A. 生气　　B. 吃惊　　C. 高兴

D. 羡慕　　E. 担心　　F. 学习这种做法

③ 其他钟表店对这家钟表店的做法怎么看？（A）

A. 相信他们这样做会倒闭　　B. 相信他们会赚钱

C. 羡慕他们的做法　　D. 相信他们会得到好名声

④ 什么成了一种时尚？（E）

A. 士兵到这家钟表店修表

B. 士兵到这家钟表店买表

C. 士兵的亲朋好友到这家钟表店修表

D. 士兵的亲朋好友到这家钟表店买表

E. 士兵戴这家钟表店卖的手表

F. 全城的人戴这家钟表店卖的手表

⑤ 士兵的亲朋好友到这家钟表店做什么？ （ A ）

A. 买表送给士兵　　B. 修表

C. 对钟表店表示感谢　　D. 买表自己戴

⑥ 关于这家钟表店，下面哪几项正确？ （ BCD ）

A. 赔钱了　　B. 赚钱了　　C. 赢得了名声

D. 顾客很多　　E. 倒闭了　　F. 卖的表比修的表多

（2）根据课文内容填表。（有多余的选项）

A. 买钟表　　B. 修钟表　　C. 修表时不用马上付修理费

D. 免费送钟表　　E. 吃惊　　F. 高兴

G. 赚了钱　　H. 赔了钱　　I. 得到了好名声

J. 得到了坏名声　　K. 得到了馅儿饼

钟表店	B、G、I
其他钟表店	B、E、F
士兵	C
士兵的家人、朋友	A

13-6 **4. 边听录音边填空，然后回答问题**

（1）尊敬的士兵们：战争时期，如果您的钟表坏了，可以（ 随时 ）到本店修理。本店不（ 记 ）姓名、地址，修理费（ 等 ）您从战场上回来后再（ 还 ）。

问：这个钟表店知道不知道哪个士兵修理了钟表？修理费还要吗？什么时候要？

（2）这个广告（ 对 ）在伦敦的英国、法国士兵们（ 来说 ），（ 简直 ）就是天上掉馅儿饼的好事。

问：在这里，“天上掉馅儿饼”指的是什么？

（3）很快，等待修表的士兵们便在钟表店门前排起了（ 长龙 ）。

问：括号里的词怎么发音，是什么意思？

（4）看到这么热闹的情景，同行们又（ 吃惊 ）又有些（ 高兴 ）。因为事情很（ 明显 ），那家钟表店肯定会因为“（ 免费 ）”修理而倒闭的。

问：同行们为什么吃惊，为什么高兴？

（5）（ 不但 ）士兵们感激这家钟表店的做法，（ 就连 ）他们的家人、朋友听到这个消息后，（ 不论远近 ），也（ 都 ）跑到这里来买手表送给要上战场的他们。

问："不论远近"还可以怎么说？

（6）（ 这么一来 ），那家钟表店卖表的收入远远超过修表需要的费用。一则（ 看上去 ）赔钱的广告，却让那家钟表店既赚了钱，又得到了好名声。

问："这么一来"指什么？

13-7 6. 选词填空

随时　免费　对待　不像……想的那样……　看上去　天上掉馅儿饼

（1）父母（ 对待 ）子女，教师（ 对待 ）学生，医生（ 对待 ）病人，都应该是热心且耐心的。

（2）经常锻炼身体的人（ 看上去 ）更年轻。

（3）这个招聘会不是（ 免费 ）的，是收费的。

（4）他的脾气（ 不像 ）我（ 想的那样 ）坏。

（5）父母应该用平等的态度（ 对待 ）自己的孩子。

（6）外出带上手机，可以（ 随时 ）和亲人、朋友联系。

（7）北京的许多公园都是（ 免费 ）的。

（8）我可不相信（ 天上掉馅儿饼 ）的好事。

（9）这儿的东西（ 不像 ）我（ 想的那样 ）便宜。

要求

1. 请先独立填写答案；
2. 填好后同学之间可以讨论；
3. 最后听录音。

三　语言能力检测

13-8 **听对话，选择正确答案**

1. 男：对很多北方人来说，什么都不如饺子好吃。

   女：我怎么没听说过，饺子哪有那么好吃啊？

   问：女的是什么意思？（ D ）

   A. 问男的什么地方的饺子好吃　B. 饺子好吃不好做

   C. 她没听说过哪儿的饺子好吃　D. 她不喜欢吃饺子

2. 女：我考试以前一直紧张得睡不着觉，考完发现，这次考试并不像我想的那么难。

   男：现在你知道了吧，提前担心是没用的，好好准备才是重要的。

   问：男的是什么意思？（ A ）

   A. 不应该担心考试　B. 现在开始要好好准备

   C. 问女的考试难不难　D. 问女的准备得怎么样

14 还是回来好

课文

① 我的家在农村。我家人都是农民，我爷爷奶奶是农民，爸爸妈妈还是农民。在我的记忆中，我们家的亲戚朋友也是农民。我们村读书最多的是小学的王老师。爸妈整天对我和哥哥说："长大了好好读书，考上大学，就变成城里人了。"

变成城里人，是我和哥哥的梦想，是爸爸妈妈、爷爷奶奶的梦想，也是我们那儿所有人的梦想。我和哥哥从上学的第一天起，就为实现这个伟大的梦想努力学习。

哥哥从小是有名的学习好，每次考试不是第一就是第二，偶尔失败，也就是第三名，一直到大学毕业。所以，哥哥一直都是我们那里孩子学习的榜样。

② 大家一直以为，哥哥大学毕业以后一定会留在城市工作，要不然辛辛苦苦读那么多年书干什么？可谁都没想到，哥哥大学一毕业就回了家，办起了养鸡场。村民们都很吃惊：辛辛苦苦读完了大学，为什么不在城市工作，还要回到农村呢？大家议论纷纷，说什么的都有。对所有的议论，哥哥就像没听见一样，什么话也不说，一心一意办他的养鸡场。

哥哥的养鸡场越办越好，第一年收回了成本，第二年开始赚钱。一些村民也成了养鸡场的工人，虽然挣钱不是很多，但不用跑到很远的地方去找工作，在家就能挣钱，还能照顾家庭、照顾孩子。后来，有村民来找哥哥，想跟他学养鸡，也办养鸡场。哥哥对他们特别热情，教得特别认真。

大家的议论慢慢变了，说大学毕业生还是回来好，像哥哥这样的大学生，毕业以后没有忘记农村，比那些读了书就再也不回头的农村孩子好多了。

我问哥哥，读完大学又回到农村不后悔吗？哥哥告诉我，他小时候只想离开农村，考大学的时候才认真地想将来要去哪儿、干什么。他觉得，如果农村的孩子们上了学都不回来了，农村什么时候才能发展起来呀？农村需要知识，需要文化。有知识、有文化的年轻人，在农村应该更有发展空间。这时候我才明白，哥哥为什么上了农业大学。我觉得哥哥说得对。

（作者：么书君）

练 习

一 字义与词义

1. 请仔细品味字义与词义的关系，并完成练习

（1）“当然”的“然”还可以组成很多词语，比如“果然、居然、要不然、虽然”，试着理解每个词语的意思，并选词填空。

① 咱们坐地铁去吧，（ 要不然 ）可能会迟到。

② 这么重要的会，（ 当然 ）要参加。

③（ 虽然 ）刚学了三个月汉语，但他已经能用汉语问路了。

（2）“记忆”的“记”也可以组成很多词语，比如“记住、忘记、记得”，试着理解每个词语的意思，并选词填空。

① 在我的（ 记忆 ）中，哥哥一直是我们村学习最好的。

② 我（ 记得 ）老师说过，期中考试在十一月的第一周。

③ 这个词的用法你（ 记住 ）了吗？

14-2 **2. 请仔细听录音，找出每组句子有什么共同的地方**

第一组：① 他整天忙着给病人看病。

② 那时候，我喜欢文学，整天幻想着当作家。

③ 抽时间去健身，比整天玩儿游戏强多了。

（课文例句：爸妈整天对我和哥哥说：“长大了好好读书，考上大学，就变成城里人了。”）

第二组：① 他每天这会儿不是在教室就是在图书馆。

② 不是你去就是我去，咱俩谁去都行，听你的。

③ 他们那个旅行团不是今天走就是明天走，反正就是这两天。

（课文例句：哥哥从小是有名的学习好，每次考试不是第一就是第二。）

第三组：① 除了偶尔打打乒乓球，他很少参加体育活动。

② 他的电话常常打不通，偶尔打通了，他也就有空儿跟你说几句话。

③ 这里四月份偶尔会出现高温天气。

（课文例句：哥哥从小是有名的学习好，每次考试不是第一就是第二，偶尔失败，也就是第三名。）

第四组：① 我还是跟他看电影去吧，要不然他该生气了。
② 谢谢你提醒我，要不然我还想不起来要买票呢。
③ 你可以把它寄过去，要不然就得自己送去。
（课文例句：大家一直以为，哥哥大学毕业以后一定会留在城市工作，要不然辛辛苦苦读那么多年书干什么？）

第五组：① 他病了，什么东西也不想吃。
② 刚来的时候，他什么人也不认识，很孤独。
③ 他回到家什么话都不说。
（课文例句：对所有的议论，哥哥就像没听见一样，什么话也不说。）

二 听解课文

14-3 1. 初听全文，判断课文提到了哪些内容，在括号里画“√”

（1）“我们”家有很多亲戚 （ ）
（2）农村人的梦想是成为城里人 （√）
（3）哥哥的学习情况 （√）
（4）哥哥为什么又回到了农村 （√）
（5）村里人到最后也不认为哥哥的选择是对的 （ ）

14-4 2. 听课文第一部分，判断正误

（1）“我”出生于农村。 （√）
（2）“我”记得家中所有的亲戚朋友。 （×）
（3）“我们”村看书最多的是王老师。 （×）
（4）爸爸妈妈希望“我”和哥哥将来能在城市里生活。 （√）
（5）“我”和哥哥上学后学习很努力。 （√）
（6）哥哥学习一直特别好。 （√）
（7）村里学习好的孩子都是哥哥学习的榜样。 （×）

14-5 3. 听课文第二部分，选择正确答案

（1）村里人没有想到的是什么？ （B）
A. 哥哥读书非常辛苦　　B. 哥哥毕业后回到了农村
C. 哥哥什么话也不说　　D. 哥哥鼓励村民们都养鸡

（2）关于哥哥的养鸡场，下面哪项正确？（ C ）

A. 钱挣得不多　　B. 哥哥边干边学

C. 收益非常好　　D. 离家很近

（3）从村民的议论中，我们知道什么？（ B ）

A. 即使不回来工作也要回家看看　　B. 他们希望大学生不要忘了农村

C. 在农村挣钱不多，处处不方便　　D. 哥哥大学毕业还回农村，很傻

（4）哥哥是怎么想的？（ C ）

A. 现在城里也不好找工作　　B. 学了农业，就只能回来了

C. 大学生在农村也能有前途　　D. 实际上，干什么都差不多

4. 在合适的搭配之间连线

变成	成本
这是我的	孩子
偶尔	失败
办	梦想
收回	城里人
照顾	养鸡场

14-6 **5. 边听录音边填空，然后回答问题**

（1）我的家在农村。我家人都是农民，我爷爷奶奶是农民，爸爸妈妈还是农民。在我的（ 记忆 ）中，我们家的（ 亲戚 ）朋友也是农民。

问：用最简单的话说一说这段话是什么意思。

（2）变成城里人，是我和哥哥的（ 梦想 ），是爸爸妈妈、爷爷奶奶的梦想，也是我们那儿（ 所有人 ）的梦想。

问：用最简单的话说一说这句话是什么意思。

（3）哥哥大学一（ 毕业 ）就回了家，办起了养鸡场。村民们都很（ 吃惊 ）：辛辛苦苦读完了大学，为什么不在城市工作，还要回到农村呢？

问：村民们为什么吃惊？

（4）哥哥的养鸡场越办越好，第一年收回了成本，第二年开始（ 赚钱 ）。一些村民也（ 成了 ）养鸡场的工人，虽然挣钱不是很多，但不用（ 跑到 ）很远的地方去找工作，在家就能挣钱，还能照顾家庭、照顾孩子。

问：用最简单的话说一说哥哥的养鸡场的情况。

（5）大家的（ 议论 ）慢慢变了，说大学毕业生还是回来好，像哥哥这样的大学生，毕业以后没有忘记农村，比那些读了书就再也（ 不回头 ）的农村孩子好多了。

问：如今村民们是怎么想的？

14-7 7. 选词填空

整天　不是……就是……　偶尔　要不然　什么……也……

要求

1. 请先独立填写答案；
2. 填好后同学之间可以讨论；
3. 最后听录音。

（1）最近天气特别不好，（ 不是 ）刮风（ 就是 ）下雨。

（2）我只想随便逛逛，（ 什么 ）东西（ 也 ）不想买。

（3）我们得提前买票，（ 要不然 ）就买不到卧铺了。

（4）我看他（ 不是 ）日本人（ 就是 ）韩国人，反正不是中国人。

（5）工作很忙的他（ 偶尔 ）回家看看父母，父母就会高兴得像孩子一样。

（6）她（ 整天 ）都在忙，可是很快乐。

（7）他最近怎么了？（ 整天 ）不高兴。

（8）他以为自己生了大病，结果（ 什么 ）事（ 也 ）没有。

（9）肯定是小梅告诉他的，（ 要不然 ）他怎么知道？

（10）他最近怎么（ 整天 ）心事重重的？

三 语言能力检测

14-8 听句子，判断正误

1. 现在越来越多的大学生毕业后没有留在大城市，而是回到家乡工作，大城市工作和生活压力大也是其中的一个原因。

   判断：大城市的压力太大，所以不少人选择回到家乡工作生活。（ √ ）

2. 想法改变，你的态度跟着改变；态度改变，你的习惯跟着改变；习惯改变，你的性格跟着改变；性格改变，你的人生跟着改变。

   判断：想法、态度、习惯、性格、人生都可以改变。（ √ ）

3. 谁说知识不能改变命运？我们兄妹的创业故事就是证明。

   判断：没人相信知识改变命运。（ × ）

4. 梦想还是要有的，万一实现了呢？

   判断：说话人认为梦想很容易实现。（ × ）

15 差别

课文

① 小王和小刘在同一家商店工作，他们俩年龄一样大，而且拿一样的薪水。

一段时间以后，小刘的工资涨了不少，可小王的一点儿没变，小王觉得老板不公平。有一天，他找到老板，老板一边耐心地听他抱怨，一边在心里想着怎么向他解释他和小刘之间的差别。

“小王，”老板说，“你现在到自由市场上去一下，看看今天早晨有什么卖的。”

小王从市场上回来向老板汇报说，今天早晨，市场上只有一个农民拉了一车土豆在卖。

“有多少？”老板问。

小王赶快又跑到了市场上，然后回来告诉老板，一共40袋土豆。

“价格是多少？”

小王又第三次跑到市场上问来了价格。

② “好吧，”老板对他说，“现在你坐椅子上，一句话也不要说，看看别人怎么说。”

老板找来小刘，对他说：“你到自由市场上去一下，看看今天早晨有什么卖的。”

小刘很快就从市场上回来了，向老板汇报说，到现在为止只有一个农民在卖土豆，一共40袋，价格是12块钱一袋。土豆质量很不错，所以他带回来了一个让老板看看。他还说，这个农民一个钟头以后还会弄来几箱西红柿。在小刘看来，价格非常公平，昨天他们店里的西红柿卖得很快，剩下的已经不多了。小刘说，他觉得这么便宜的西红柿老板肯定会买一些的，所以他不仅带回了一个西红柿让老板看看，而且把那个农民也带来了，他现在正在外面等着回话呢。

这时，老板转向小王，说：“现在你肯定知道为什么小刘的薪水比你高了吧？”

（根据《故事时代》同名文章改写）

练 习

一 字义与词义

1. 请仔细品味字义与词义的关系，并完成练习

（1）“薪水”的“薪”可以组成很多词语，比如“时薪、日薪、月薪、年薪、工薪族”，试着理解每个词语的意思，并选词填空。

① 你们那儿人的平均（ 月薪 / 薪水 ）是多少？

②（ 工薪族 ）指有稳定的工作并以工资为主要经济来源的社会阶层。

③ 在这个饭馆打工的最低（ 时薪 ）是40元。

（2）“回话”的“回”也可以组成很多词语，比如“回答、回忆、回来、回去”，试着理解每个词语的意思，并选词填空。

① 这个问题谁能（ 回答 ）？

② 我现在不在家，等（ 回去 ）再帮你找。

③ 那次过生日给他留下了愉快的（ 回忆 ）。

15-2 **2. 请仔细听录音，找出每组句子有什么共同的地方**

第一组： ① 他是一个非常耐心的老师，学生们都很喜欢他。

② 听了他的抱怨，我已经失去了耐心。

③ 请耐心等待，一会儿就该您了。

（课文例句：老板一边耐心地听他抱怨，一边在心里想着怎么向他解释他和小刘之间的差别。）

第二组： ① 请你解释一下这个词的意思。

② 他不听我解释，生气地走了。

③ 这件事跟他解释不清楚，还是别说了。

（课文例句：老板一边耐心地听他抱怨，一边在心里想着怎么向他解释他和小刘之间的差别。）

第三组： ① 到现在为止，我们学了十二课。

② 到上个月为止，他一共买过五个手机。

③ 这是到现在为止，我到过的最漂亮的地方。

（课文例句：小刘很快就从市场上回来了，向老板汇报说，到现在为止只有一个农民在卖土豆。）

第四组： ① 在他看来，韩亮是个好歌手，放弃了实在是太可惜了。

② 在广州人看来，外地人都是北方人。

③ 在他看来，每个汉字都像画儿一样。

（课文例句：这个农民一个钟头以后还会弄来几箱西红柿。在小刘看来，价格非常公平。）

第五组：① 那个商店价格最公平，咱们去那儿买东西吧。

② 别人的工资都涨了，而他的没涨，他觉得老板很不公平。

③ 我们希望能公平地参加考试。

（课文例句：这个农民一个钟头以后还会弄来几箱西红柿。在小刘看来，价格非常公平。）

二 听解课文

15-5 **3. 听课文第二部分，判断正误**

（1）小刘买回来了一些菜。（×）

（2）小刘建议老板也去市场看看。（×）

（3）小刘觉得那个农民卖的菜质量和价格都不错。（√）

（4）他们商店的西红柿差不多卖光了。（√）

（5）小刘建议农民来他们的商店卖菜。（×）

15-6 **4. 听全文**

（1）根据课文内容选择：以下哪些事是小王做的？哪些事是小刘做的？哪些事两人都做了？哪些事两人都没做？

A. 小王做了　B. 小刘做了　C. 两人都做了　D. 两人都没做

1	去了一次市场	B	7	带回来一个土豆	B
2	去了三次市场	A	8	知道西红柿的价格	B
3	知道土豆有多少	C	9	带回来一个西红柿	B
4	知道土豆的价格	C	10	买回来一些西红柿	D
5	知道土豆的质量	B	11	带回来一个农民	B
6	买回来一些土豆	D	12	带回来一些别的蔬菜	D

15-7 6. 选词填空

耐心　解释　到……为止　在……看来　公平　肯定

要求

1. 请先独立填写答案；
2. 填好后同学之间可以讨论；
3. 最后听录音。

（1）世界上没有绝对的（ 公平 ），你只能去适应社会。

（2）（ 到 ）去年（ 为止 ），他已经开了五家商店。

（3）这件事怎么跟他（ 解释 ）呢？

（4）孩子太吵了，妈妈已经没有（ 耐心 ）了。

（5）（ 在 ）他（ 看来 ），每天能和家人一起吃晚饭是最幸福的。

（6）老板觉得，很难跟他（ 解释 ）为什么他的工资那么低。

（7）他在北京生活了五年，汉语（ 肯定 ）不错。

（8）（ 在 ）学生们（ 看来 ），最难的不是考试，而是写论文。

（9）（ 到 ）上个月（ 为止 ），我学了三年汉语了。

（10）我们工作的时间一样，可是他的工资比我高得多，真不（ 公平 ）。

三 语言能力检测

15-8 听句子，判断正误

1. 今天小明特别高兴，因为他涨工资了。房东知道了，也特别高兴，因为他要涨房租了。

   判断：房东要涨小明的房租。（ √ ）

2. "一分钱一分货"说的是如果东西质量好，价格一般也会比较贵。不过人们还是希望买到又便宜又好的东西。

   判断：人们希望买的东西质量好，价格便宜。（ √ ）

3. 我们都希望世界是公平的，但实际上很难做到。有人生在穷人家，有人生在富人家，不公平从出生就开始了。

   判断：世界是公平的。（ × ）

4. 我们这儿今年的最低工资是每小时36元，比去年涨了20%。

   判断：我们这儿去年的最低工资是每小时30元。（ √ ）

16 你会怎么选择

课　文

① 请你做一道题，看你是不是一个聪明人。

这是一家大公司的总裁在招聘职员时亲自出的一道题目——

在一个暴风雨的晚上，你开着一辆豪华汽车，经过一个车站。有三个人正在焦急地等公共汽车。一个是病得很重的老人；一个是医生，他曾经救过你的命，你做梦都想报答他；还有一个是你一见钟情的异性，如果错过了，你一辈子都会后悔。但你的车只能再坐一个人。你会怎么选择？请解释一下你的理由。

你可以做出自己的选择，没有人会责备你。不过，当你做出一个选择后，问一下自己：我这样做是最好的吗？

② 老人快要死了，应该先救他。然而，每个老人最后都只能把死作为人生的终点，每个人都逃不过死亡。先让那个医生上车吧，因为他救过你，这应该是个报答他的好机会。不过也可以在以后再报答他，也许他会有更需要报答的时候。应该先把一见钟情的异性带走，否则会后悔一辈子。到底应该怎么选择呢？

在两百个应聘者中，只有一个人的答案符合总裁的要求，他被录取了。

他并没有解释自己的理由，只是说了下面的话："把车钥匙给医生，让他带着老人去医院，我留下来陪一见钟情的人等公共汽车。"

（根据网络文章《一道受用终生的测试题》改写）

练 习

一 字义与词义

1. 请仔细品味字义与词义的关系，并完成练习

（1）“终点”的“点”还可以组成很多词语，比如“优点、缺点、起点、重点”，试着理解每个词语的意思，并选词填空。

① 你不要只批评他的（ 缺点 ），也要表扬他的（ 优点 ），这样他才能进步。

② 这次参观的（ 起点 ）是公园南门，终点是北门。

③ 今天学习的（ 重点 ）词语有五个。

（2）“报答”的“报”也可以组成很多词语，比如“报名、报到、报告、汇报”，试着理解每个词语的意思，并选词填空。

① 选修课什么时候开始（ 报名 ）？

② 他一直想（ 报答 ）那位救过他命的医生。

③ 今天下午的（ 报告 ）是关于国际关系的。

16-2 **2. 请仔细听录音，找出每组句子有什么共同的地方**

第一组： ① 他收到了老板的亲笔信。

② 这是他亲口告诉我的，肯定是真的。

③ 我很想吃妈妈亲手做的蛋糕。

（课文例句：这是一家大公司的总裁在招聘职员时亲自出的一道题目。）

第二组： ① 小时候，我做梦都想当一名医生。

② 我做梦都想不到，这儿的变化这么大。

③ 这是根本不可能的事，你别做梦了！

（课文例句：他曾经救过你的命，你做梦都想报答他。）

第三组： ① 听录音，选择正确答案。

② 大学选择什么专业，要看你对什么有热情。

③ 自己选择的路，哭着也要走下去。

（课文例句：你会怎么选择？请解释一下你的理由。）

第四组： ① 考大学是孩子一辈子的大事，能没有压力吗？

② 他们夫妻二人一辈子也没吵过一次架。

③ 过去，很多人一辈子只在一个单位工作。现在，换工作已经不是新鲜事了。

（课文例句：应该先把一见钟情的异性带走，否则会后悔一辈子。）

第五组：①你还是想好了再决定吧，否则也许会后悔。
②现在就得订火车票，否则就订不到了。
③考试的时候不能看书，否则会被取消成绩。
（课文例句：应该先把一见钟情的异性带走，否则会后悔一辈子。）

二 听解课文

16-3 1. 听课文第一部分

（1）根据课文内容选择正确答案。

①这道题中除了“你”以外，还有几个人物？（C）

A. 一个　　B. 两个
C. 三个　　D. 四个

②他们在干什么？（A）

A. 等公共汽车　　B. 打出租车
C. 等医院的车　　D. 等你的车

③你的车一共可以坐几个人？（B）

A. 一个　　B. 两个
C. 三个　　D. 四个

（2）根据课文内容把下面的信息补充完整。

时间：暴风雨的（晚上）
地点：公共汽车站
人物：病得很重的（老人）
救过你命的（医生）
一见钟情的（异性）
情况：你开车路过车站

16-4 2. 听课文第二部分，填表（有多余的选项）

A. 病得很重　B. 受伤了　C. 每个人都会死　D. 不想错过跟他／她在一起的机会
E. 报答他　F. 上班要迟到了　G. 他请你帮助他

人物	让他／她坐你的车的理由	不让他／她坐你的车的理由
老人	A	C
医生	E	可以以后再报答他
异性	D	—

16-5 3. 关于课文中的问题，最好的答案是什么？请先填空，然后跟同学讨论一下你填的内容，最后听录音

把车（ 钥匙 ）给医生，让他（ 带着 ）老人去医院，我留下来（ 陪 ）一见钟情的人（ 等 ）公共汽车。

16-6 6. 选词填空

亲自　做梦　错过　机会　符合　一辈子　否则

要求

1. 请先独立填写答案；
2. 填好后同学之间可以讨论；
3. 最后听录音。

（1）这是一个学习语言的好（ 机会 ），你不要（ 错过 ）。
（2）他（ 做梦 ）都想得到那份工作。
（3）这次面试的题目是老板（ 亲自 ）出的。
（4）他（ 错过 ）了晚上的最后一趟车，只好走路回家。
（5）你应该（ 亲自 ）去感谢他，而不是只发一封电子邮件。
（6）我（ 一辈子 ）也忘不了那件事。
（7）早点儿走吧，（ 否则 ）碰上堵车，会迟到的。
（8）您的条件（ 符合 ）我们的要求，您被录取了。
（9）很多人把结婚看成（ 一辈子 ）最重要的事，所以结婚也叫“终身大事”。

三 语言能力检测

16-7 听句子，判断正误

1. 有人问快要死去的人，最后悔的是什么。很多人说，最后悔没有勇气过自己想要的生活，也有人说后悔工作太拼命，跟家人在一起的时间太少。
   判断：有人后悔没有努力工作。（ × ）
2. 王女士是一位成功的商人，她挣的钱一辈子都花不完。在她晚年的时候，有人问她对自己的一生是不是很满意，她却说如果可以重新活一遍，她希望自己是快乐的人而不是成功的人。
   判断：王女士对自己的成功非常满意。（ × ）
3. 在没有网络的时候，跟朋友失去联系是常有的事，搬家、去外地上学或工作都可能让我们跟朋友失联。现在有了网络，就完全不一样了，我们什么时候都能跟朋友联系上。
   判断：有了网络，人们不容易跟朋友失联。（ √ ）
4. 你们在聊什么呢，那么高兴？我好像错过了最有意思的部分。
   判断：说话人觉得他们聊天儿没有意思。（ × ）

17 换一种方式生活

课文

在一次聚会上，我认识了和我年龄差不多的刘爽，我们做着差不多一样的工作，拿着差不多一样的薪水。可是我吃惊地发现，我们的消费观念不一样，生活方式也完全不一样。她更多地把钱花在做事上，学习课程、陪伴家人、出去旅行。而我呢，有了钱，首先想到的是买：买房子、买车、买衣服。我用钱换来的是静止的东西，刘爽呢，没有换来东西，却换来了宝贵的经验和感受。

也许她的生活更有滋味？从那以后，我也开始考虑改变自己的生活方式。老公一直希望到世界各地去旅行。可是结婚9年了，我们买了130平方米的大房子，成了“房奴”，买了高级家具和电器，日子却一直过得很紧张。

跟老公商量了几次以后，我们决定把大房子换成70多平方米的房子。不仅还完了所有贷款，还剩下20多万元。房子里没有了昂贵的家具，一切都简简单单的。

去年，我们的旅行计划正式开始，第一站就是老公最想去的非洲大草原。

从非洲回来，我们回到自己简单、干净的家里，看着在非洲拍的那些照片，老公说：“我是在做梦吧？这么美的地方，我去过吗？”

儿子说，他在学校里已经成了明星，每天下课都有同学围着他，让他讲大草原上动物的故事，还有非洲的文化、小朋友的友谊。

卖掉房子去旅行，这真是一个聪明的决定。现在，我们已经开始计划下一次旅行啦！

（根据聪聪文章《改变消费观念——终于去了非洲大草原》改写）

练　习

一 字义与词义

1. 请仔细品味字义与词义的关系，并完成练习

（1）“做梦”的“梦”可以组成很多词语，比如“梦想、白日梦、美梦”，试着理解每个词语的意思，并选词填空。

① 祝你（ 美梦 ）成真！

② 在压力很大的时候，偶尔做一点儿（ 白日梦 ）也不是坏事，这样可以让人放松。

③ 他（ 做梦 ）都想考上理想的大学。

（2）“贷款”的“款”也可以组成很多词语，比如“付款、收款、还款、罚款”，试着理解每个词语的意思，并选词填空。

① 买房后，他每个月都要还（ 贷款 ）。

② 现在买什么都可以用手机（ 付款 ），人们很少带现金了。

③ A：借钱的反义词是什么呀？

B：当然是（还款）了。

17-2 **2. 请仔细听录音，找出每组句子有什么共同的地方**

第一组：① 旧的家庭观念是以男人为中心的吗？

② 现在人们的消费观念跟以前不一样了。

③ 父辈的某些观念已经过时了。

（课文例句：我吃惊地发现，我们的消费观念不一样，生活方式也完全不一样。）

第二组：① 年轻时，用健康换金钱；老了以后，用金钱换健康。

② 他用铅笔和同学换了一个本子。

③ 售货员用热情换来了顾客的信任。

（课文例句：我用钱换来的是静止的东西。）

第三组：①“房奴”指的是这样的人：因为买了房子要还贷款，而影响了正常生活的人。

②“孩奴”一辈子都为孩子挣钱，而忽视了自己的生活。

③ 除了“房奴”和“孩奴”，还有“卡奴”和“车奴”。

（课文例句：我们买了130平方米的大房子，成了“房奴”，买了高级家具和电器，日子却一直过得很紧张。）

第四组：① 这次考试题量真的不少，时间有点儿紧张。

② 我刚毕业的时候，工资低，日子过得很紧张。

③ 他在经济上有点儿紧张。

（课文例句：我们买了130平方米的大房子，成了“房奴”，买了高级家具和电器，日子却一直过得很紧张。）

第五组：① 把大房子换成小房子。

② 他的汉语很好，别人常常把他当成中国人。

③ 别把我当成富翁，我还是个学生。

（课文例句：我们决定把大房子换成70多平方米的房子。）

二 听解课文

17-4 2. 再听全文

（1）根据课文内容填表。

① A. “我”　　B. 刘爽

A	1	买汽车	A	4	买衣服
B	2	去旅行	B	5	学习课程
A	3	买房子	B	6	陪伴家人

② A. 以前的“我”　　B. 现在的“我”

A	1	住130平方米的房子	B	6	还清了贷款
B	2	住70多平方米的房子	B	7	手里有了余钱
A	3	用高级的家具	A	8	生活过得很紧张
B	4	用简单的家具	B	9	有钱去旅行
A	5	要还贷款			

17-5 3. 三听全文

（1）根据课文内容判断正误。

① 大房子让他们成了“房奴”。（√）

② 他们把大房子换成了小房子，不用还贷款了。（√）

③ 住在小房子里，生活很紧张。（×）

④ 把大房子换成小房子后，他们剩下了二十多万块钱。 （ √ ）

⑤ 他们把钱花在旅行上了。 （ √ ）

⑥ 老公做梦去了非洲。 （ × ）

⑦ 儿子的同学都很羡慕他。 （ √ ）

4. 把词语和它们的意思连起来，然后用这些词语填空

昂贵	因为买房子还贷款而使生活变得艰难的人
贷款	非常贵
房奴	向银行借钱
紧张	幻想，好像不是真的
做梦	钱不富裕
观念	看法、想法

他买了房子，每个月要还银行的（ 贷款 ），生活很（ 紧张 ）。所以他从来不敢买（ 昂贵 ）的家具和衣服，也不敢随便换工作。他（ 做梦 ）都想早点儿还清（ 贷款 ），不再当“（ 房奴 ）”。后来，他改变了住房（ 观念 ），决定卖掉房子，租房子住。

17-6 **6. 选词填空**

观念　　换　　差不多　　卡奴　　剩下

（1）人们的收入增加了，消费（ 观念 ）也开始改变。

（2）一次次的失败（ 换 ）来了宝贵的经验。

（3）作业我已经做了一半，（ 剩下 ）的明天做。

（4）这两种水果的口感（ 差不多 ），只是这种稍甜一点儿。

（5）短短两年内，他（ 换 ）了好几个工作。

（6）他来中国（ 差不多 ）两年了，汉语说得越来越好。

（7）“男主外，女主内”是老（ 观念 ），应该改改了。

（8）我一张信用卡也不办，绝对不做“（ 卡奴 ）”！

要求

1. 请先独立填写答案；
2. 填好后同学之间可以讨论；
3. 最后听录音。

三 语言能力检测

17-7 听句子，判断正误

1. 如果我的钱只够买车或者旅行，那我就去旅行。

   判断：说话人很喜欢旅行。 （ √ ）

2. 平时除了听听歌、看看电影，我最大的爱好就是满世界跑着玩儿，大概去过三十多个国家了。

   判断：他最大的爱好是跑步。 （ × ）

3. 旅行的时候，他到一个地方就买一辆车，玩儿一段时间就把车卖了，然后再去下一个地方。

   判断：他喜欢买汽车。 （ × ）

4. 据说，涨工资、换更大的房子、买豪华汽车，都会让人们非常快乐，而且会让人高兴很长一段时间。事实是，当这些事情发生时，我们很快就会适应，用不了多久，我们的高兴程度就会回到原来的水平。

   判断：涨工资、换大房子并不会让我们高兴。 （ × ）

18 为了一个梦

课文

两年前，我告别父母，背上简单的行李和我最喜欢的吉他，坐上火车，来到北京，成了一名打工者。

刚来时，我被介绍到一家工厂工作。因为说不好普通话，怕别人笑话，去餐厅吃饭都不好意思开口，只好用手指着要买的饭菜，卖菜的师傅还以为我是个哑巴呢。最难的是工作，我只是初中毕业，没有读过高中，学习技术相当吃力，每天下班后都觉得非常累。

一年以后，由于我的努力和同事们的帮助，我不仅学会了普通话，还成了一个熟练的技术工人。看到自己的进步，我有说不出的高兴。

后来，经朋友介绍，我又来到一个酒吧洗杯子。我拼命干活儿，不但动作快，而且非常小心，就怕摔坏了杯子。

没过几天，我又幸运地被调到前台当了一名服务员。能在这个酒吧当上服务员是很不容易的，老板对服务员的工作要求很高，不准出错儿，每个服务员都要经过严格的训练。别的服务员也都是从外地来的，也许是因为这个缘故吧，他们对我特别照顾，这使我非常感动，我也更加珍惜这份工作。

我不愿意收客人的小费，总觉得那是不应该收的。有一次，有位客人给我一百元小费，我怎么也不收，弄得他很失望。客人走了之后，同事们都说我太傻了。

两年很快过去了，我已经存了一笔钱。再坚持半年，我就可以用这笔钱报考一所艺术学校，学习音乐知识，实现我的理想了。到那时，我家乡的小山上又会响起好听的吉他声了。

练 习

一 字义与词义

1. 请仔细品味字义与词义的关系，并完成练习

（1）“吃力”的“吃”还可以组成很多词语，比如“吃香、吃苦、吃亏、吃惊”，试着理解每个词语的意思，并选词填空。

① 前几年，学计算机的特别好找工作，现在计算机专业还（ 吃香 ）吗？

② 这个工作的要求就是能（ 吃苦 ），出差、加班是经常的。

③ 刚开始看汉语新闻，觉得很（ 吃力 ），看多了，就不觉得难了。

（2）“费”也可以组成很多词语，比如“小费、网费、消费、免费、学费”，试着理解每个词语的意思，并选词填空。

① 现在有不少（ 免费 ）的电子词典。

② 在你们国家，去饭馆吃饭要给（ 小费 ）吗？

③ 大学的（ 学费 ）一年大概多少钱？

18-2 **2. 请仔细听录音，找出每组句子有什么共同的地方**

第一组：① 学外语不能怕别人笑话，要大胆地说。

② 他普通话说得不好，同学都笑话他。

③ 什么“破牛仔裤”呀，那是时尚，穿破牛仔裤上街没人笑话。

（课文例句：因为说不好普通话，怕别人笑话，去餐厅吃饭都不好意思开口。）

第二组：① 他刚上大学的时候，听不懂老师讲课，觉得很吃力。

② 因为没干过，这个活儿我干起来很吃力。

③ 老板看他工作很吃力，就给他换了一个活儿。

（课文例句：我只是初中毕业，没有读过高中，学习技术相当吃力。）

第三组：① 看到自己终于成功了，他有说不出的高兴。

② 朋友们都去旅行了，他一个人有说不出的寂寞。

③ 就要出国留学了，他有说不出的兴奋。

（课文例句：看到自己的进步，我有说不出的高兴。）

第四组：① 上了高中，大家都拼命学习，谁还整天玩儿啊？

② 工作这么多，不拼命不行啊。

③ 身体是最重要的，别那么拼命。

（课文例句：我拼命干活儿，不但动作快，而且非常小心。）

第五组：① 高铁上准不准吃方便面？你知道吗？
② 明天的会议很重要，谁都不准迟到。
③ 考试不准用词典，不准看笔记，更不准说话。
（课文例句：老板对服务员的工作要求很高，不准出错儿。）

二 听解课文

18-3 **1. 初听全文，然后看看下面哪些话是对的，在括号里画“√”**

（1）“我”现在在北京打工。（ √ ）
（2）“我”是学生。（ ）
（3）“我”不会说话。（ ）
（4）“我”开了一个酒吧。（ ）
（5）“我”喜欢弹吉他。（ √ ）

18-4 **2. 再听全文，根据课文内容选择正确答案**

（1）在工厂打工，“我”为什么那么吃力？（ B ）
A. 不喜欢工作　B. 学历太低
C. 不会普通话　D. 工厂要求高
（2）在餐厅，“我”为什么用手指着饭菜而不开口说话？（ A ）
A.“我”普通话不好　B.“我”不知道菜的名字
C.“我”不爱说话　D.“我”是个哑巴
（3）下面哪项不是“我”做的？（ D ）
A. 技术工人　B. 洗杯子
C. 服务员　D. 收小费
（4）同事们为什么说“我”太傻了？（ C ）
A.“我”不会说普通话　B.“我”想学习音乐
C.“我”没有收小费　D.“我”让客人失望
（5）“我”的理想是什么？（ B ）
A. 挣一笔钱　B. 学习音乐
C. 开酒吧　D. 回老家

18-5 **3. 三听全文**

（1）根据课文内容判断正误。
①“我”没上过高中。（ √ ）
② 刚来北京时，“我”不习惯北京的饭菜。（ × ）
③ 在酒吧工作时，“我”摔坏了一个杯子。（ × ）

④ 在酒吧当服务员很不容易。（ √ ）

⑤ 老板说，不应该收客人的小费。（ × ）

⑥“我”没有收小费，同事们认为“我”很傻。（ √ ）

⑦“我”在北京待了两年了。（ √ ）

（2）根据课文内容完成下面的练习。

“我”在工厂和酒吧都打过工，下面哪些事是在工厂发生的，哪些事是在酒吧发生的？“我”对这些事都有什么感觉？（有多余的选项）

A. 工厂　　B. 酒吧

（ A ）不会说普通话	非常小心
（ A ）成了熟练的工人	很高兴
（ A ）学习技术	很吃力
（ B ）洗杯子	不好意思
（ B ）当服务员	很珍惜
	很失望

5. 在合适的搭配之间连线

告别	玩笑
严格	干活儿
开	理想
收	训练
实现	父母
拼命	小费

18-6 6. 选词填空

告别　笑话　吃力　说不出的　拼命　不准　理想

（1）室内（ 不准 ）抽烟，厕所里也不行。

（2）我的（ 理想 ）就是过不一样的生活。

（3）三年前，我（ 告别 ）家人来到中国留学。

（4）运动会上，他（ 拼命 ）地跑，最后得了第一名。

要求

1. 请先独立填写答案；
2. 填好后同学之间可以讨论；
3. 最后听录音。

（5）您（ 不准 ）我上网，也（ 不准 ）我看电视，我的生活也太没意思啦！
（6）刚开始工作时，他感到很（ 吃力 ），熟悉了以后就好了。
（7）我不喜欢唱卡拉 OK，唱得不好，别人会（ 笑话 ）我的。
（8）他想换工作，父母（ 拼命 ）反对。
（9）看到我在路边捡回来的小猫越来越健康、可爱，我心里有（ 说不出的 ）高兴。

三 语言能力检测

18-7 听句子，判断正误

1. 汉语里很多带“吃”的词，其实跟吃饭没关系。比如吃亏、吃苦、吃力、吃香、吃得开。
   判断：带“吃”字的词，都跟吃饭没关系。（ × ）
2. 在中国，人们没有给小费的习惯，所以我每次出国，都为不知道该给多少小费而头疼。
   判断：说话人觉得给人小费很心疼。（ × ）
3. 如果父母管孩子管得太严，这也不准干，那也不准做，孩子长大以后，很容易没有自己的想法。
   判断：说话人认为父母不应该什么都管。（ √ ）
4. 科学家发现，如果老人有自己的爱好，每天都能在自己的爱好上花两个小时的时间，不管是画画儿还是下棋，都可以活得更健康。
   判断：做自己爱好的事，能让人更健康。（ √ ）

19 健身三人谈

课文

① A: 我叫丽丽，在一家公司工作。我小时候不爱运动，身体也不太好。工作以后，我才认识到健身的重要性。我试过很多健身方法：去健身房、跳健身操、游泳。钱花了不少，可是由于工作太忙，都没坚持下来。最后我找到了一个最方便、最适合我的方法，就是走路或骑自行车，每天只要提前半小时起床就可以走路上班，要是骑车，提前十几分钟就够了。其实，健身是一种意识，不一定要花钱才能健身，只要有这种意识，每个人都能找到适合自己的健身方式。

② B: 我是晓敏，我开始跳健身操完全是被动的。最开始的时候，我心想，身体好好的，用不着去花那份钱。后来，我变胖了，为了减肥，我又吃药又节食，都没什么用。于是，我在朋友的建议下去跳健身操。没想到，几个月下来，我整个人从里到外都发生了明显的变化，不仅身材苗条多了，更重要的是找回了健康和自信的感觉，工作再忙都不觉得累。我最大的体会是，跳健身操，不仅能锻炼身体，而且能让人有个好心情。在这六年多的时间里，我每周都抽出两三个晚上去跳健身操，虽然现在的费用是六年前的两倍，但这个钱我认为很值得花。

C: 我认为健身是必要的，但是也不能为了健身连饭也不吃。现在中国的健身俱乐部太贵了，普通老百姓一般付不起。要是健身的价格能在收入的5%以下，我想，去健身房的人数会大大增加的。不过现在有不少地方都有室外的免费健身器，在那儿健身，也能起到一样的作用。

（作者：傅由）

练 习

一 字义与词义

1. 请仔细品味字义与词义的关系，并完成练习

（1）“健身”还可以组成以下短语：健身操、健身房、健身器、健身卡、健身服。选择合适的词语填空。

① 我办了一张（ 健身卡 ），打算一周去三次。

② 跳（ 健身操 ）还不够，最好增加一些力量训练。

③ 如果觉得去（ 健身房 ）麻烦，可以使用小区的（ 健身器 ），效果一样。

（2）“自信”的“信”可以组成很多词语，比如“相信、信心、信用卡”，试着理解每个词语的意思，并选词填空。

① 即使特别（ 自信 ）的人，有时也可能会不自信，比如担心给别人留下不好的印象。

② 我对你很有（ 信心 ），这次比赛你即使不得第一，也会是第二。

③（ 相信 ）我，你穿这件衣服绝对漂亮。

19-2 **2. 请仔细听录音，找出每组句子有什么共同的地方**

第一组：① 他认识到了自己的错误，大家也都原谅他了。

② 到了中国以后，我才认识到汉语是多么重要。

③ 人们越来越认识到，保护环境是每一个人的责任。

（课文例句：我小时候不爱运动，身体也不太好。工作以后，我才认识到健身的重要性。）

第二组：① 很多中国人认为，亲人和朋友之间用不着说“对不起”。

② 我的事用不着你管！

③ 从北京到天津坐火车才半个多小时，用不着坐飞机。

（课文例句：最开始的时候，我心想，身体好好的，用不着去花那份钱。）

第三组：① 我把妈妈给我的零花钱放在零钱罐里，一年下来，也攒了 300 多块。

② 我今天去做志愿者，帮助一对老夫妇种菜，一天下来，累得我腰酸背痛的。

③ 原来我不喜欢爬山，一次朋友把我拥上华山，站在高高的山顶上，我直接就吐了。后来，我强迫自己每周去爬山，半年下来，我居然爱上了这项运动。

（课文例句：几个月下来，我整个人从里到外都发生了明显的变化。）

第四组：① 再忙也要常和家人联系。

② 这车再好，也和我没关系。

③ 不需要的东西，再便宜我也不买。

（课文例句：工作再忙都不觉得累。）

第五组：① 这个电影很值得看。

② 别人的优点都值得学习。

③ 北京有很多值得去的地方。

（课文例句：虽然现在的费用是六年前的两倍，但这个钱我认为很值得花。）

第六组：① 这个价格很多人都付得起，所以去健身的人越来越多。

② 消费要量力而行，付不起款的东西不买就行了。

③ 买一辆汽车要二十多万，你付得起吗？

（课文例句：现在中国的健身俱乐部太贵了，普通老百姓一般付不起。）

二 听解课文

19-4 2. 听课文第一部分

（1）根据课文内容选择正确答案。

① 开始，丽丽为什么没能坚持健身？ （ A ）

A. 因为工作太忙　　B. 因为花钱太多

C. 因为不喜欢运动　　D. 因为要提前起床

② 最适合丽丽的健身方式是什么？ （ D ）

A. 去健身房　　B. 跳健身操

C. 游泳　　D. 走路或者骑车

（2）根据课文内容判断正误。

① 丽丽工作以后才开始健身。 （ √ ）

② 丽丽不能坚持去健身房和游泳，是因为花钱太多。 （ × ）

③ 丽丽每天走半小时路去上班。 （ × ）

④ 丽丽认为健身不一定要花钱。 （ √ ）

⑤ 丽丽不喜欢运动，所以不能坚持去健身房健身。 （ × ）

19-5 3. 听课文第二部分

（1）根据课文内容判断正误。

① 晓敏以前认为，只要身体好，就不需要健身。 （ √ ）

② 晓敏为了减肥才去跳健身操。 （ √ ）

③ 晓敏只跳了几个月健身操。 （ × ）

④ 晓敏跳健身操以后，工作更忙了。 （ × ）

⑤ 晓敏跳了健身操才收到了减肥的效果。 （ √ ）
⑥ 晓敏每天都去跳健身操。 （ × ）
⑦ 晓敏认为跳健身操的费用太高。 （ × ）

（2）根据课文内容选择正确答案。

① 晓敏跳健身操的目的是什么？ （ B ）
A. 能有好心情　　B. 变得瘦一些
C. 更好地工作　　D. 调节好情绪

② 晓敏没试过哪种减肥方法？ （ D ）
A. 吃药　　B. 节食
C. 跳健身操　　D. 游泳

③ 晓敏多长时间跳一次健身操？ （ C ）
A. 每天一次　　B. 每周一次
C. 每周两三次　　D. 每月两三次

④ 男的认为为什么去健身房的人没那么多？ （ A ）
A. 经济条件不允许　　B. 免费健身器挺好
C. 大家工作都挺忙　　D. 大家认为没必要

（3）根据课文内容，在男的的观点后画“√”。

① 健身是不必要的。 （ ）
② 不吃饭对身体不好。 （ ）
③ 现在健身的价格只占收入的 5%。 （ ）
④ 健身价格应该低于收入的 5%。 （ √ ）
⑤ 免费健身器不如健身房好。 （ ）

19-6 **5. 选词填空（有多余的词）**

认识到　健身　提前　用不着　也不能　值得　再　免费

要求
1. 请先独立填写答案；
2. 填好后同学之间可以讨论；
3. 最后听录音。

（1）他已经是大人了，（ 用不着 ）为他担心。
（2）这么大的变化，（ 值得 ）我们重视。
（3）即使工资（ 再 ）低，他都愿意在那儿待下去。
（4）以前人们说的“锻炼身体”，就是现在的“（ 健身 ）”。
（5）我（ 也不能 ）一个人住这么大的一套房子呀。
（6）环境污染使人们（ 认识到 ）保护环境的重要性。

（7）春节回家买火车票，排一天队也是（ 值得 ）的。

（8）（ 再 ）累的活儿，也得有人干。

（9）从明天开始，我要（ 提前 ）半小时起床，这样就不会迟到了。

三 语言能力检测

19-7 **听句子，判断正误**

1. 中国人说："饭后百步走，能活九十九。"意思是吃完饭以后，要做一些运动，这样对身体有好处。

   判断：吃完饭以后不应该马上休息。（ √ ）

2. 很多去健身房健身的人都坚持不下来。有一个办法可以试试，就是把健身穿的衣服放在包里，下班的时候，打开包就看到衣服，也许你就不会直接回家，而是想去健身房了。

   判断：很多人不能坚持健身是因为没有合适的衣服。（ × ）

3. 有不少人用各种方法减肥，其实最有用的还是"管住嘴，迈开腿"，也就是少吃、多运动。

   判断：减肥要从跑步开始。（ × ）

4. 看电视是很浪费时间的，但是如果你真想看电视，那就看。不过不要被动地看，要主动地看。也就是说，不要有什么看什么，而是主动地挑着看。这样，花的时间可能一样，感受却不一样。

   判断：说话人建议人们多看电视。（ × ）

20 我为什么不能叫曹操

课文

A：你们知道吗？有一个学习汉语的美国人，给自己起了一个中文名字叫曹操。

B：啊，他知道曹操是谁吗？

A：当然知道，他说他特别佩服曹操，就给自己起了这个名字。

C：我还知道有一个加拿大人，中文名字叫李白，估计他很喜欢李白的诗吧。

A：不少中国网友觉得这样起名字太奇怪了，一般中国人起名字比较注意，不和古代特别有名的人重名。

B：对呀，中国人起名字一般不用名人的名字，也不会用父母或者爷爷奶奶的名字，美国人不是这样。你看，他们有两位前总统就都叫乔治·布什。在中国，儿子和爸爸怎么可能用同一个名字呀？

C：哎，你们当汉语老师的，一般怎么给外国人起中国名字呀？

A：可以根据他们名字的发音起中文名字，比如 Marco Polo 就叫马可 · 波罗。也可以根据意思翻译，比如姓 White，就可以用“白”当姓。最好是发音和意思结合起来，澳大利亚前总理 Kevin Rudd 给自己起的中文名字叫陆克文，这个名字的意思就非常好，而且汉语发音跟他的英文名字也比较像。

B：根据发音起名字，一定要告诉学生不能随便选汉字，我有个学生叫 Jeff，他给自己起了一个名字叫“姐夫”。

C：哈哈，那每个人都要管他叫姐夫吗？有没有人问他姐姐在哪儿？

B：后来改成了“杰夫”，然后就没再闹笑话了。

A：还有就是可以起一个地道的中文名字。

B：对，我有一些学生，他们的名字非常中国，从名字上看不出来是外国人。不过，也有一些外国人起的名字对咱们来说有点儿奇怪，比如有叫王中王的，还有叫好厉害的。我还有一个学生，他的名字只有一个字——“神”，在我的强烈建议下，他把这个名字改了。

C：确实应该改，这么自夸的名字中国人不太容易接受。哎，你开始说的那个美国曹操，他打算一直就叫曹操吗？

A：他说他叫曹操叫了二十多年了，已经习惯了，所以不改了。

（作者：傅由）

练　习

一　字义与词义

1. 请仔细品味字义与词义的关系，并完成练习

（1）“名字”的“名”可以组成很多词语，比如“名人、名校、名片、名牌、有名”，试着理解每个词语的意思，并选词填空。

① 父母希望他能进（ 名校 ），而不是普通大学；毕业以后，进（ 有名 ）的公司，而不是一般公司。

② 他是我们学校的（ 名人 ），没有人不知道他。

③ 他开（ 名牌 ）车，穿（ 名牌 ）衣服，自己觉得挺不一般的，别人可不这么看。

（2）“自夸”的意思是“自己夸自己”，“自”还可以组成很多词语，比如“自私、自费、自信、自动、自助”，试着理解每个词语的意思，并选词填空。

① 以前有很多人公费留学，现在（ 自费 ）留学生越来越多了。

② 人工客服工作时间为 8 点到 20 点，其他时间您可以选择（ 自助 ）服务。

③ 你可以在（ 自动 ）售货机上买各种饮料和小吃。

20-2 **2. 请仔细听录音，找出每组句子有什么共同的地方**

第一组：① 他已经十八岁了，不要再把他当小孩子了。

② 他当了二十年老师，非常热爱这个工作。

③ 我一直把他当成最好的朋友。

（课文例句：你们当汉语老师的，一般怎么给外国人起中国名字呀？）

第二组：① 根据学生的成绩能看出来他聪明不聪明吗？

② 这么说是没有科学根据的。

③ 根据他给的地址，我们很容易就找到了他家。

（课文例句：可以根据他们名字的发音起中文名字。）

第三组：①我们管姐姐的丈夫叫姐夫。
②他姓王，我们都管他叫小王。
③你们管妻子的妈妈叫什么？
（课文例句：那每个人都要管他叫姐夫吗？）

第四组：①他在中国待了五年了，汉语说得特别地道。
②这是我吃过的最地道的北京菜。
③还是妈妈做的面条儿最地道。
（课文例句：还有就是可以起一个地道的中文名字。）

第五组：①我想起一个中文名字，您有什么建议吗？
②在老师的建议下，我每天看汉语电视剧，听力进步很大。
③医生建议我生病期间多吃水果，少吃特别辣的东西。
（课文例句：我还有一个学生，他的名字只有一个字——“神”，在我的强烈建议下，他把这个名字改了。）

二 听解课文

20-3 1. 初听全文，选择正确答案

（1）他们讨论了什么？（ A ）
A. 起中文名字　B. 中国古代名人　C. 外国现代名人

（2）在起名字方面，课文讨论了哪些文化差异？（ AC ）
A. 和名人重名的问题　B. 怎样给姐夫起名　C. 父子重名的问题

（3）中国网友对外国人叫“曹操”有什么感觉？（ AB ）
A. 感到吃惊　B. 感到奇怪　C. 不能接受

20-4 2. 再听全文，根据课文内容判断正误

（1）曹操和李白都是中国古代名人。（ √ ）
（2）中国网友认为，美国人叫曹操是对中国文化的不尊重。（ × ）
（3）在美国，儿子和爸爸可以有一样的名字。（ √ ）
（4）在中国，人们喜欢用古代名人的名字当自己的名字。（ × ）
（5）给外国人起中文名字，必须要有中国姓。（ × ）
（6）中国人喜欢有过于自夸意思的名字。（ × ）
（7）美国曹操在老师的建议下改了名字。（ × ）

20-5 3. 三听全文，根据课文内容选择正确答案

（1）根据课文，外国人的名字中，哪个是最可以接受的？（ A ）

A. 陆克文　　B. 曹操

C. 王中王　　D. 神

（2）Jeff 给自己起的中文名字为什么会闹笑话？（ C ）

A. 发音比较奇怪　　B. 用了名人的名字

C. 用的汉字不对　　D. 对别人不尊重

（3）给外国人起中文名字的方法中，不包括下面哪一项？（ A ）

A. 根据他们父母的名字　　B. 根据他们自己名字的意思

C. 根据他们自己名字的发音　　D. 根据他们自己名字的发音和意思

（4）下面哪个不是“自夸”的名字？（ B ）

A. 王中王　　B. 杰夫

C. 好厉害　　D. 神

（5）地道的中文名字指的是什么？（ C ）

A. 类似中国古代名人的名字　　B. 发音跟自己的名字一样

C. 符合中国起名规则的名字　　D. 意思跟自己的名字一样

20-6 6. 选词填空

当	根据	管……叫……	建议

（1）学校的学生卡也可以（ 当 ）公交卡用吗？

（2）我（ 建议 ）你下载一个手机 APP，这样买火车票就容易了。

（3）我们是（ 根据 ）成绩分班的，不是（ 根据 ）国家分班。

（4）我常常把手机（ 当 ）电脑用，把电脑（ 当 ）电视用。

（5）我们（ 管 ）学习成绩特别好的学生（ 叫 ）“学霸”。

（6）中国人一般（ 管 ）朋友的父母（ 叫 ）叔叔、阿姨。

要求

1. 请先独立填写答案；
2. 填好后同学之间可以讨论；
3. 最后听录音。

三 语言能力检测

20-7 听对话，选择正确答案

1. 女：你是医生，不是老师，可是为什么大家都管你叫老师呢？

   男：管人叫老师，有时候是一种尊重。

   问：根据对话，下面哪项正确？ （ B ）

   A. 男的不是医生　　B. 男的不是老师

   C. 男的是医生的老师　　D. 男的很尊重老师

2. 男：中国人的名字是姓在前，名在后。大部分西方人的名字是名在前，姓在后。这也是一种文化差异吧？

   女：对，有人说中国人的名字表现了家庭的重要性，而西方人的名字表现了个人的重要性。

   问：根据对话，下面哪项正确？ （ A ）

   A. 起名字的习惯也有文化差异　　B. 西方人的名字都是姓在后边

   C. 中国人比西方人更爱家庭　　D. 中国人全家都有一样的姓

21 德国丈夫中国妻

课　文

记者：现在，跨国婚姻越来越多。不同国家的人结了婚，他们的生活是什么样的呢？今天我们邀请了一位德国丈夫和他的中国妻子来聊聊他们的家庭生活。马克、王丽，你们好！欢迎你们！我们先来聊一聊你们两位是怎么认识的吧。

丈夫：我中学毕业的时候，想出国旅游，我爸爸说："出国不能光玩儿，要是你能学一门当地的语言，我就给你出旅费。"我想，那好吧，就学中文吧，于是我就从德国到了北京，开始学中文。

妻子：那时候我刚上大学，一个朋友请我参加一个有老外的聚会，我就去了。

记者：你们俩在聚会上一见钟情？

丈夫：是啊，现在我们结婚都快十年了。王丽哪儿都挺好的，就是从来不认错。我从小受到的教育就是，做错了事要道歉，不管是在家里还是在外面，道歉并不丢面子呀。

妻子：在家里有必要道歉吗？事情过去了不就得了？跟家里人还老把"对不起"挂在嘴上，那多见外啊。

丈夫：你看看，这就是她的态度。

记者：那在异国他乡，你有没有不适应或者看不惯的地方啊？

妻子：怎么没有啊？有一年圣诞节，我们从中国到德国去看他父母。吃晚饭的时候，他妈妈只端上了汤和牛肉。我想，别的菜很快就会上来，可是等啊等啊，再没别的了。他妈妈说："就这些了，你爸爸正减肥呢。"你看，为了全家团圆，我们大老远地跑来，吃的就是这个，这在中国可能吗？

丈夫：可当时爸爸正在减肥，我们不好破坏他的计划呀。

妻子：说到计划，德国人可真是什么事都讲计划。我们和朋友一起开车出去玩儿，中途我给车子加油，你说，这算得了什么呀？可他就会说我："为什么事先不准备好，为什么要让朋友等你？"不过，话说回来，他的德国朋友的确是事先都做好准备的。

丈夫：你不觉得这是美德吗?

妻子：那要看怎么说了。

记者：我想你们之间一定也有互补的方面。

妻子：那当然了。我这个人特别懒得出门，他喜欢运动，常常带我爬山、旅游。在他的影响下，我也慢慢地喜欢上了运动，有时间也喜欢出去走走。

丈夫：说实在的，她对我的帮助也很大。在我感兴趣的各个方面，不论是中国历史、艺术，还是风俗习惯，她都是我耐心的老师。

练　习

一　字义与词义

1. 请仔细品味字义与词义的关系，并完成练习

（1）“面子”可以组成下面这些短语：爱面子、丢面子、没面子。选择合适的词语填空。

① 有人说中国人特别（ 爱面子 ），我觉得因人而异。

② 做错了事，向别人道歉，并不（ 丢面子 ）吧。

③ 有的孩子下棋只能赢，不能输，输了就觉得（ 没面子 ）。

（2）“聚会”的“会”还可以组成其他词语，比如“约会、开会、会议”，试着理解每个词语的意思，并选词填空。

① 我最近参加了一次小学同学（ 聚会 ），大家的变化都很大。

② 明天下午（ 开会 ），你把会议资料整理一下。

③ 你还记得跟女朋友的第一次（ 约会 ）吗?

21-2 **2. 请仔细听录音，找出每组句子有什么共同的地方**

第一组：① 他这个人，哪儿都好，就是爱忘事儿。

② 那个饭馆儿哪儿都好，就是有点儿远。

③ 我哪儿都想逛逛，就是不想去商业街。

（课文例句：王丽哪儿都挺好的，就是从来不认错。）

第二组：① 以前，离婚常常被看成没有面子的事。

② 他这两年挣了不少钱，觉得很有面子。

③ 有人觉得说“对不起”很丢面子。

（课文例句：不管是在家里还是在外面，道歉并不丢面子呀。）

第三组：① 这么点儿小事，直接告诉她不就得了。

② 你想知道他的意见，打个电话问一下不就得了？

③ 自行车丢了，买辆新的不就得了？

（课文例句：在家里有必要道歉吗？事情过去了不就得了？）

第四组：① 我真看不惯上车不排队的人。

② 他总是抱怨，让人看不惯。

③ 对于自己看不惯的人和事，他从来都是直接说出来，不管别人的感受。

（课文例句：那在异国他乡，你有没有不适应或者看不惯的地方啊？）

第五组：① 我知道健身的重要性，就是懒得去。

② 找了几个月的工作都没找到，我都懒得再找了。

③ 新买的东西质量不好，不过我懒得去换了。

（课文例句：我这个人特别懒得出门，他喜欢运动，常常带我爬山、旅游。）

二 听解课文

21-4 2. 再听全文，根据课文内容判断正误

（1）丈夫来北京只是为了学习中文。（×）

（2）他们结婚快十年了。（√）

（3）妻子认为跟家里人不用道歉。（√）

（4）妻子觉得自己没错，所以不道歉。（×）

（5）因为丈夫的爸爸正在减肥，他们春节只吃了汤和牛肉。（×）

（6）妻子跟朋友开车出去玩儿时，没有事先给车加油。（√）

（7）丈夫不满意妻子太懒。（×）

（8）妻子认为一切都讲计划不一定好。（√）

（9）丈夫和妻子都很喜欢运动。（×）

（10）妻子是教中国历史、艺术的老师。（×）

21-5 3. 三听全文

（1）根据课文内容选择正确答案。

① 丈夫为什么要学习中文？（C）

A. 为了学习中国文化　　B. 为了去中国旅游方便

C. 为了让爸爸出旅费　　D. 为了跟中国姑娘结婚

② 他们是在哪儿认识的？（C）

A. 德国的学校　　B. 爬山的途中

C. 朋友的聚会上　　D. 中文课上

③ 丈夫不满意妻子什么？ （ B ）

A. 不爱干活儿　　B. 从来不认错

C. 吃得太多　　D. 常常让朋友等她

④ 妻子不满意丈夫什么？ （ A ）

A. 什么都按计划办　　B. 过节的饭不丰富

C. 经常让她道歉　　D. 不给汽车加油

⑤ 妻子为什么不跟丈夫认错？ （ B ）

A. 她认为自己没错　　B. 她认为不必跟家人认错

C. 她认为道歉太丢面子　　D. 她认为小事不用说“对不起”

⑥ 那一年圣诞节在丈夫家，他们为什么吃得那么简单？ （ A ）

A. 丈夫的爸爸在减肥　　B. 他们不重视圣诞节

C. 父母对他们不太热情　　D. 这是德国的传统

⑦ 妻子认为中途给车子加油怎么样？ （ A ）

A. 无所谓　　B. 很不好

C. 不好意思　　D. 是应该的

（2）根据课文内容填表。（有多余的选项）

A. 做错了事不道歉　　B. 什么都按计划办　　C. 耐心

D. 喜欢运动　　E. 不事先做准备　　F. 在减肥

人物	缺点	优点
妻子	A、E	C
丈夫	B	D

21-6 5. 听录音复述句子，然后回答问题

（1）你看看，这就是她的态度。

问：这句话是什么语气？满意还是不满意？

（2）事情过去了不就得了？

问：说话人认为事情严重不严重？

（3）你说，这在中国可能吗？

问：从说话人的语气来看，这在中国可能还是不可能？

（4）中途我给车子加油，你说，这算得了什么呀？

问：说话人认为，中途给车加油的事严重不严重？

（5）是不是美德要看怎么说了。

问：说话人认为这是不是美德？

21-7 6. 选词填空

谁 / 什么 / 哪儿都……，就是…… 面子 看不惯
不就得了 懒得 话说回来

（1）你们去（ 哪儿都 ）行，（ 就是 ）不许到这儿来。
（2）这次没考好，以后好好学习（ 不就得了 ）？
（3）（ 谁都 ）特别忙，（ 就是 ）他不忙。
（4）为了不丢（ 面子 ），他花了一个月的工资请客。
（5）他（ 看不惯 ）年轻人整天上网玩儿游戏。
（6）5 点就起床，太早了吧？不过，（ 话说回来 ），不这么早也不行。
（7）你做错了，跟他道个歉（ 不就得了 ）。
（8）他对（ 看不惯 ）的一切都会批评。
（9）不少孩子觉得父母太唠叨，什么事都（ 懒得 ）跟父母说。
（10）（ 谁都 ）知道，（ 就是 ）他不知道。
（11）累了一天，（ 懒得 ）做饭，就吃方便面吧。

要求

1. 请先独立填写答案；
2. 填好后同学之间可以讨论；
3. 最后听录音。

三 语言能力检测

21-8 听对话，选择正确答案

1. 女：我也想像你一样每天去健身，可是工作忙的时候去不了，不忙的时候又懒得去，下了班就想回家好好休息。
男：每天都去健身这个任务太难完成了，你可以从一周一次开始。只要有一次，就算完成任务。这样过一两个月，再开始每周两次。这种方法没有压力，容易坚持。
问：男的是什么意思？ （ B ）
A. 女的不可能每天去健身　　B. 可以从每周健身一次开始
C. 把健身当成任务就可以　　D. 需要有压力才能坚持下去

2. 男：我的外国学生说，他觉得中国人很少道歉，他很少听到人们说“对不起”。
女：其实我们跟关系近的人才很少说“对不起”，因为觉得那样太见外了。跟关系一般的人，该说“对不起”，还是会说的。
问：女的是什么意思？ （ A ）
A. 说不说“对不起”要看关系远近　　B. 中国人经常说“对不起”
C. 没有犯错误的时候不用道歉　　D. 中国人不喜欢道歉

22 别老给我发语音

课文

女$_1$：你们用微信这么长时间了，觉得怎么样？有没有不喜欢的地方？

女$_2$：我不喜欢别人老给我发语音。

男：对，能发文字就不要发语音，因为别人可能在开会、上课，不方便听语音。

女$_2$：特别是一发就是十几条，每条都有几十秒。你说起话来轻松，别人听起来压力很大，而且很可能听了后边的忘了前边的。

女$_1$：我同意。如果是工作上的事，一定要先选择文字，因为文字可以留着，需要看的时候很容易就能找到，可是语音就不好找了。

女$_2$：我还有一个不喜欢的就是，有事要找人，总是问“在吗”。

男：是啊，很多时候我真的很想回答“不在”。有事儿的话直接说就好了，一个问“在吗”，一个回答“在”，不是浪费时间吗？

女$_1$：对，如果有重要的事儿，就应该直接打电话。

女$_2$：还有就是不要随便把朋友的微信名片给另一个人。对很多人来说，微信号是隐私，他们不愿意随便告诉别人。在把别人的微信名片给其他人以前，最好先跟本人打个招呼，人家同意以后再给。

男：那如果有人问你要你朋友的微信名片，你应该怎么回答呢？

女$_1$：可以说，我有他的微信，等我先问他一下。

男：这个方法不错，提前问一下，然后再介绍他们认识。

女$_2$：别人同意加你好友以后，你要先跟对方打招呼，介绍一下自己。否则，如果你的微信名和真名不一样，对方就不知道你是谁。

女$_1$：对，这样做才礼貌。说到提前打招呼，我觉得拉人进微信群以前，也应该提前告诉对方这是什么群，问他愿意不愿意进去，他愿意了，你再拉他进群。

男： 我自己被拉进了好多奇怪的群，群里很多人都不认识，我说话也不好，不说话也不好。

$女_2$： 我也觉得最好不要随便拉人进群。

$女_1$： 如果你被拉进了一个群，你不喜欢在群里，可以自己退出来。

男： 如果群里有很多认识的人，退群的话不太好意思啊，他们会不会觉得我不喜欢他们呀？

$女_1$： 那还有一个办法，就是选择“消息免打扰”，群里有什么新消息都不会通知你，你看不到了，就不会被打扰了。

（作者：傅由）

练 习

一 字义与词义

1. 请仔细品味字义与词义的关系，并完成练习

（1）“一群人”的“群”是量词，今天我们常说“微信群”，这时候“群”就是名词了。下面这些词语中的“群”就是“微信群”的“群”，比如“建群、群聊、班群、家长群、新生群、群主、进群、拉进群、退群”，试着理解每个词语的意思，并选词填空。

① 在开始上课以前，咱们先建一个（ 班群 / 微信群 ）。来，大家扫码（ 进群 ）。

② 你在（ 新生群 / 家长群 / 班群 ）里吗？能不能把我（ 拉进群 ）？

③ 他跟（ 群主 ）吵架，后来（ 退群 ）了。

（2）微信有一个功能叫“消息免打扰”，其中的“免”还可以组成很多词语，比如“免费、免税、免洗、免考”，试着理解每个词语的意思，并选词填空。

① 天下没有（ 免费 ）的午餐。

② 他通过了 HSK 六级，可以（ 免考 ）进入大学学习。

③ 去国外旅行，可以在机场（ 免税 ）店买到便宜的东西。

22-2 **2. 请仔细听录音，找出每组句子有什么共同的地方**

第一组： ① 能走路就别坐车，能走楼梯就别坐电梯，这样才能多运动。

② 能去就去，不能去也没关系。

③ 能在家做饭就不要去饭馆了。

（课文例句：能发文字就不要发语音。）

第二组：① 他在中国一待就是十年。
② 他一买方便面就是一整箱。
③ 他们一聊就是两三个小时。
（课文例句：一发就是十几条，每条都有几十秒。）

第三组：① 中国人问“吃了吗？”“上哪儿去呀？”，其实是在打招呼。
② 你去公司找他以前，先跟他打个招呼。
③ 他没打招呼就直接带朋友来我家，让我觉得很突然。
（课文例句：在把别人的微信名片给其他人以前，最好先跟本人打个招呼，人家同意以后再给。）

第四组：① 如果打算去旅行，最好提前买好火车票。
② 今天第一天上课，我提前二十分钟就到教室了。
③ 你可以提前把东西放进购物车，等“双十一”活动开始了再付款。
（课文例句：拉人进微信群以前，也应该提前告诉对方这是什么群。）

第五组：① 看到他俩吵架，我是走也不好，不走也不好。
② 朋友卖的东西比商店还贵，我买也不好，不买也不好。
③ 父母管孩子，管多了不好，管少了也不好，真不容易。
（课文例句：群里很多人都不认识，我说话也不好，不说话也不好。）

二 听解课文

22-4 2. 再听全文，根据课文内容判断正误

（1）课文提到了语音和文字两种发微信的方法。（√）
（2）发语音的人，常常忘了自己说过什么。（×）
（3）男的认为，只有男女朋友才可以发语音。（×）
（4）课文中，不喜欢别人问“在吗”的理由是这样问是浪费时间。（√）
（5）别人问“在吗？”时，男的都会回答“不在”。（×）
（6）最好是对方同意以后，再把他的微信名片给其他人。（√）
（7）人们的微信名和真名都不一样。（×）
（8）进了微信群，就不能退出。（×）
（9）男的不好意思退群是因为群里有不少认识的人。（√）
（10）留在群里，也可以不被消息打扰。（√）

22-5 3. 三听全文，根据课文内容选择正确答案

（1）课文提到的微信的功能不包括哪一项？（ A ）

A. 打电话　　B. 微信名片

C. 微信群　　D. 语音聊天儿

（2）为什么工作的事最好发文字，而不是发微信语音？（ B ）

A. 发语音容易忘了前边的　　B. 文字需要看的时候容易找到

C. 每条语音时间太短　　D. 收语音感觉有压力

（3）如果你的朋友小张想认识你的另一个朋友小王，最好的办法是什么？（ D ）

A. 直接给他小王的微信名片　　B. 把小王的手机号告诉小张

C. 建一个群，把他们都拉进群　　D. 小王同意后，把他的名片给小张

（4）如果有重要的事要联系别人，最好的方法是什么？（ A ）

A. 直接打电话　　B. 发微信语音

C. 进微信群找他　　D. 发微信文字

（5）关于“消息免打扰”，下面哪项正确？（ C ）

A. 别人不会给你发消息　　B. 别人的消息在群里看不到

C. 有新消息不再通知你　　D. 你自己无法在群里发消息

22-6 5. 选词填空

打（个）招呼　随便　免　打扰　能……就……
提前　一……就是……　A 也不好，不 A/B 也不好

要求

1. 请先独立填写答案；
2. 填好后同学之间可以讨论；
3. 最后听录音。

（1）他喜欢打球，（ 一 ）打（ 就是 ）几个小时。

（2）（ 能 ）写汉字（ 就 ）不要写拼音，这样才能认识更多的字。

（3）劳驾问下，可以（ 提前 ）多少天买火车票？

（4）如果你买的东西在 100 块以上，就可以（ 免 ）邮费。

（5）我先跟他（ 打个招呼 ），问他愿意不愿意加你微信。

（6）有人微信问我“在吗”，我说“在”（ 也不好 ），说“不在”（ 也不好 ）。

（7）这件事很重要，（ 能 ）写邮件（ 就 ）别发微信。

（8）我没有准备，就（ 随便 ）说几句，想到哪儿说到哪儿。

（9）他说只讲几句话，没想到（ 一 ）说（ 就是 ）半个多小时。

（10）在地铁或者公交车上大声打电话，对别人是一种（ 打扰 ）。

三 语言能力检测

22-7 听对话，选择正确答案

1. 女：我昨天给你打了好几个微信语音电话，你都没接，是不是生我气了？

   男：可能我的网络不好，也可能我在开会，不方便接听。以后你有急事可以直接打电话。

   问：男的没接微信语音电话，他的理由不包括下面哪一项？（ C ）

   A. 网络信号不好　　B. 可能正在开会

   C. 他当时有急事　　D. 接听语音不方便

2. 男：你觉得看群消息浪费时间，为什么不退出呢？

   女：是好朋友拉我进去的，退群多不好意思啊，再说，有的消息还是挺有用的。

   问：关于女的，下面哪项正确？（ C ）

   A. 好朋友不让她退群　　B. 没浪费时间

   C. 有的消息对她来说有用　　D. 她正打算退群

23 会打字不会写字

课　文

① 中秋节前，张小姐给父母写了一封信，祝他们节日快乐。父母接到信，打开一看，发现是用电脑打印的，心里很失望。父母很快给张小姐回了一封信，他们在信中生气地说：“你是写信还是给我们发文件呢？就算你的钢笔字写得再不好看，我们看着也亲切呀。”

王先生倒是收到了女儿从国外寄来的亲笔信，不过，让他吃惊的是，在这封不到一千字的信里，竟然有几十个错别字。在后来的电话里，女儿告诉他，这种情况在她的同学中很常见：“平时几乎不用笔写字了，这次写信的笔都是临时去买的，很多字已经忘记了。”

有一位刘先生，参加工作已经很多年了，最近他利用周末的时间上法律课，他说：“平时都是用电脑打字，有一次考试，竟然感到用手写字非常不习惯。遇到不会写的字，只有用手机写短信的方法来查字，然后再照着写，真是离开电脑就不会写字了。”

② 这几个例子反映了电脑带来的一个问题，随着电脑的普及，人们越来越习惯打字，用手写字的能力大大下降，很多人都觉得自己已经不会写字了。现在，小学生和中学生在老师的要求下会练习写字，到了大学和参加工作以后，大部分人就不再用笔，而改用电脑了。

用电脑打字实在太方便了，比如，很多四个字的成语，用拼音输入，只需要打四个字母，一两秒就可以打出来，又快又准确。但就是因为太方便了，没人会注意每个字到底怎么写，时间一长，当然就不会写了。拿起笔就忘了字怎么写，已经成了电脑族经常遇到的问题。

练 习

一 字义与词义

1. 请仔细品味字义与词义的关系，并完成练习

（1）“字”可以组成很多词语，比如“打字、写字、认字、错别字、简化字、繁体字、提笔忘字”，试着理解每个词语的意思，并选词填空。

① 有人说，学习汉字，会（ 打字 ）就可以了，不用学习（ 写字 ），反正现在都用电脑。

② 这是（ 简化字 ）的“爱”，这是（ 繁体字 ）的“愛”。

③ 为了少写（ 错别字 ），要多读、多认、多写汉字。

（2）“亲笔”的“亲”也可以组成“亲手、亲口、亲耳”等词语，试着理解每个词语的意思，并选词填空。

① 这是我（ 亲耳 ）听他说的，肯定不会有问题。

② 你多久没有（ 亲手 ）给家人做饭了？

③ 收到孩子的（ 亲笔 ）信，我们特别高兴。

23-2 **2. 请仔细听录音，找出每组句子有什么共同的地方**

第一组：① 我听不出来他是北京人还是东北人。

② 他是不愿意去还是不能去？

③ 你们俩长得真像，你是哥哥还是弟弟？

（课文例句：你是写信还是给我们发文件呢？）

第二组：① 票卖光了，就算有钱也没办法。

② 就算买到了票，也不一定能按时回家。

③ 就算坐飞机去，也赶不上了。

（课文例句：就算你的钢笔字写得再不好看，我们看着也亲切呀。）

第三组：① 我临时决定寒假去南方旅行。

② 毕业以后，他当了半年临时工。

③ 她临时有事，不能参加这次聚会。

（课文例句：平时几乎不用笔写字了，这次写信的笔都是临时去买的。）

第四组：① 他正在利用业余时间学习英语。

② 他打算利用寒假去旅行。

③ 他利用打工的机会找到了一个满意的工作。

（课文例句：有一位刘先生，参加工作已经很多年了，最近他利用周末的时间上法律课。）

第五组：① 随着科学的发展，人们的生活越来越方便。
② 随着人口的增加，环保的压力越来越大。
③ 随着年龄的增长，人的记忆力会慢慢下降。
（课文例句：随着电脑的普及，人们越来越习惯打字，用手写字的能力大大下降，很多人都觉得自己已经不会写字了。）

第六组：① 上班族、啃老族
② 工薪族、背包族
③ 电脑族、低头族
（课文例句：拿起笔就忘了字怎么写，已经成了电脑族经常遇到的问题。）

二 听解课文

23-3 **1. 初听课文第一部分，然后选择正确答案**

（1）课文提到了以下哪几个例子？在括号里画"√"。

A. 张小姐给父母写信，父母生气了。（ √ ）

B. 王先生的女儿从国外寄来了亲笔信。（ √ ）

C. 王先生给女儿回信，笔都是临时买的。（ ）

D. 刘先生考试时发现离开电脑不会写字了。（ √ ）

（2）这些例子说明了什么？（ D ）

A. 怎么用电脑　　B. 怎么写汉字

C. 电脑打字很方便　　D. 很多人会打字不会写字

23-4 **2. 再听课文第一部分，根据课文内容，把人和事联系起来（有的选项可以填多次，有的选项是多余的）**

A. 用电脑打印了一封信　　B. 手写了一封信

C. 用手机查字，然后照着写　　D. 用电脑发了一个电子贺卡

E. 写的信中有很多错别字　　F. 临时买写字的笔

G. 很多字忘了怎么写

人物	做了什么事
张小姐	A
王小姐（王先生的女儿）	B、E、F、G
刘先生	C、G

23-5 3. 三听课文第一部分

（1）根据课文内容判断正误。

① 张小姐给父母写信，祝他们生日快乐。（ × ）
② 父母收到张小姐用电脑打印的信，很失望。（ √ ）
③ 张小姐把公司的文件发给了父母。（ × ）
④ 张小姐的钢笔字写得不好，所以用电脑打印了这封信。（ × ）
⑤ 王先生的女儿很少用笔写字。（ √ ）
⑥ 王先生的女儿不会中文。（ × ）
⑦ 王先生女儿的同学和她一样，很多字不会写。（ √ ）
⑧ 刘先生喜欢用手机发短信。（ × ）
⑨ 刘先生考试的时候用电脑打字。（ × ）

（2）根据课文内容选择正确答案。

① 张小姐的父母收到她的信以后，为什么失望？（ C ）
A. 她的钢笔字太难看 B. 她的信是一份文件
C. 打印的信不够亲切 D. 她的信父母看不懂

② 王先生收到女儿的信以后，为什么吃惊？（ B ）
A. 信不是用笔写的 B. 信里有很多错字
C. 女儿的字不好看 D. 女儿的字看不懂

③ 刘先生对什么不习惯？（ B ）
A. 法律考试 B. 用笔写字
C. 用电脑打字 D. 用手机查字

23-6 4. 初听课文第二部分，听后选择这部分课文提到了哪些内容，在括号里画“√”（可多选）

（1）电脑是怎么普及的（ ）
（2）中小学生都不用电脑（ ）
（3）电脑打汉字很方便（ √ ）
（4）电脑让人的手写能力下降了（ √ ）

23-8 6. 边听录音边填空，并用自己的话说一说句子的意思

（1）你是写信（ 还是 ）给我们发文件呢？
（2）（ 就算 ）你的钢笔字写得再不好看，我们看着（ 也 ）亲切呀。
（3）（ 随着 ）电脑的普及，人们越来越（ 习惯 ）打字，用手写字的能力（ 大大 ）下降了。
（4）（ 就是 ）因为太方便了，没人会注意每个字（ 到底 ）怎么写，时间一长，当然就不会写了。

23-9 8. 选词填空

……还是……　就算……也……　临时　利用　随着　打　写

要求

1. 请先独立填写答案；
2. 填好后同学之间可以讨论；
3. 最后听录音。

（1）旧的手机和电脑应该得到再（ 利用 ）。
（2）你看得出来他是日本人（ 还是 ）韩国人吗？
（3）（ 随着 ）产品质量的提高，价格也上涨了。
（4）车站增加了很多（ 临时 ）售票窗口。
（5）（ 就算 ）挣了很多钱，身体不好，（ 也 ）享受不了好日子。
（6）春节期间，车站增加了很多（ 临时 ）客车。
（7）这种鱼能（ 随着 ）冷热的变化而改变身体的颜色。
（8）我不知道他是出国了（ 还是 ）考研究生了。
（9）（ 就算 ）不能亲眼看见他们，我（ 也 ）很开心。
（10）因为一直用电脑，现在很多人只会（ 打 ）字，不会（ 写 ）字了。
（11）（ 随着 ）气温的升高，越来越多的人开始到室外健身。

三　语言能力检测

23-10 听对话，选择正确答案

1. 男：我现在常常提笔忘字，是不是老了，脑子不好用了？
女：不光是你，好多人都这样。因为人们现在很少写字，不管用手机还是电脑，都是打字。时间长了，就忘了字怎么写了。
问：他们谈的是什么问题？（ B ）
A. 年龄和脑子的问题　B. 提笔忘字的问题
C. 怎么用电脑打字　D. 男的身体的问题

2. 女：我认为外国人学汉语的时候，一定要学习手写汉字，而且要多多练习，这样才能记住。
男：我觉得能认字、会打字就可以。一方面，压力小点儿；另一方面，现在人们手写汉字的机会不多，大多数情况下都用手机或者电脑打字。
问：根据对话，下面哪项正确？（ A ）
A. 男的认为能认字、会打字就可以　B. 男的认为不用学习打字
C. 女的认为外国人记不住汉字　D. 女的认为会写汉字心情好

24 伤心故事

课　文

我们对儿子从小就很严格，儿子一岁时就一个人睡觉。上小学后儿子参加了武术队，体育馆离家四公里，全是他自己骑车来回，我们没有送过一次。倒不是做父母的心硬，我们总觉得让孩子吃点儿苦有好处，这样他将来可以更好地适应竞争环境。

儿子就在这"残忍"的环境下长到了十岁。他很懂事，也很聪明。学习上不需要我们操心，生活上很有条理。可让我弄不懂的是，这孩子什么都会，就是不会系鞋带。每次穿有鞋带的鞋时，他总是拿着鞋走过来，靠在你的怀里让你替他系，身子还软软地贴着你，穿好一只脚又伸出另一只脚，显得有些赖皮。你说他，他也不说什么——反正他是不会穿。

有一天，我有闲工夫，就去体育馆看儿子训练。当时儿子正在练一套少林拳，突然他一踢腿，竟然把鞋子踢上了半空中！全场的人都笑了。儿子赶紧捡起鞋穿上，飞快地系上鞋带，动作十分熟练。我一下子蒙了：儿子会系鞋带！

吃晚饭时我问儿子为什么平时假装不会系鞋带，儿子红着脸，半天才说出一句话："我……我是想让你们抱我一下。"

这句话重重地敲在我的心上，我忽然明白了：我的孩子为了得到爸妈的一抱，竟然设计了一个特别的方式。

我后悔极了，而我的爱人，已经流着眼泪把孩子紧紧地抱在了怀里。

（根据网络文章改写）

练 习

一 字义与词义

1. 请仔细品味字义与词义的关系，并完成练习

（1）“懂事”的“事”还可以组成很多词语，比如“故事、事故、同事”，试着理解每个词语的意思，并选词填空。

① 王老师是我多年的老（ 同事 ）。

② 他从小就是一个（ 懂事 ）的孩子，从来不让父母操心。

③ 小朋友都喜欢听睡前（ 故事 ）。

（2）“条理”的“理”也可以组成很多词语，比如“道理、理解、理想”，试着理解每个词语的意思，并选词填空。

① 他办事特别有（ 条理 ），大家不用担心。

② 我很难（ 理解 ）他为什么这么做。

③（ 道理 ）我都懂，可是真做起事来就忘了。

24-2 **2. 请仔细听录音，找出每组句子有什么共同的地方**

第一组： ① 不是我心硬，是他的要求太过分了。

② 她这个人就是心硬，从来就没人见过她掉眼泪。

③ 你怎么一点儿同情心都没有啊？心真硬。

（课文例句：倒不是做父母的心硬，我们总觉得让孩子吃点儿苦有好处，这样他将来可以更好地适应竞争环境。）

第二组： ① 为了找到一个好工作，他吃了不少苦。

② 人应该有吃苦精神。

③ 我妈妈就我这么一个女儿，从来就不舍得让我吃苦。

（课文例句：我们总觉得让孩子吃点儿苦有好处。）

第三组： ① 等我退休了，就有闲工夫旅游了。

② 我可没有闲工夫听你讲故事。

③ 妈妈总是很忙，一点儿闲工夫也没有。

（课文例句：有一天，我有闲工夫，就去体育馆看儿子训练。）

第四组： ① 他路过操场时，让球给砸蒙了。

② 我一看试卷就蒙了，好几道大题我都不会做。

③ 到了机场我才发现我的包丢了，里面有机票、护照、银行卡，我一下子就蒙了。

（课文例句：我一下子蒙了：儿子会系鞋带！）

第五组： ① 我刚才是假装生气。

② 不懂就问老师，不要假装懂了。

③ 他干什么我都假装看不见。

（课文例句：吃晚饭时我问儿子为什么平时假装不会系鞋带。）

二 听解课文

24-3 1. 初听全文，根据课文内容判断正误

（1）儿子上小学时就会骑自行车。（√）

（2）儿子小的时候，就喜欢味道苦的菜。（×）

（3）儿子 10 岁时很残忍。（×）

（4）儿子打拳时鞋掉了。（√）

（5）儿子的鞋掉了以后，在场的人都笑了。（√）

（6）实际上，儿子系鞋带系得特别好。（√）

（7）看到儿子系鞋带的动作，我都傻了。（√）

（8）儿子承认是想让我们抱他一下时很不好意思。（√）

（9）我始终不明白儿子为什么假装不会系鞋带。（×）

24-4 2. 再听全文，根据课文内容选择正确答案（可以多选）

（1）他们为什么对儿子那么严格？（A）

A. 想让孩子吃些苦　B. 想让孩子参与竞争

C. 不疼爱孩子

（2）儿子 10 岁时有什么特点？（CD）

A. 从来不操心　B. 不会系鞋带

C. 生活上很有条理　D. 又聪明又懂事

（3）爸爸在体育馆看到了什么？（B）

A. 儿子打拳的样子很可笑　B. 儿子把鞋甩到了半空中

C. 儿子的拳打得很有样子　D. 儿子表演前忘了穿鞋

（4）故事结束时父母怎么样？（AC）

A. 明白了儿子的愿望　B. 遭到了沉重的打击

C. 为以前的做法感到后悔　D. 决定经常抱抱儿子

24-5 3. 三听全文

（1）根据课文内容给下面的句子排序。

3	A	儿子学习上让父母省心，生活上也很有条理，但是不会系鞋带。
7	B	儿子赶紧捡起鞋穿上，飞快地系上鞋带，动作十分熟练。
2	C	他去体育馆都是自己骑车，没有人送。
4	D	他总是拿着鞋走过来，靠在你的怀里让你替他系，身子还软软地贴着你。
5	E	一次，我去看儿子练少林拳。
9	F	儿子回答，是想让我们抱他一下。
6	G	儿子一踢腿，鞋子飞上了半空中。
1	H	儿子小学时，参加了少儿武术队。
8	I	我问儿子为什么平时假装不会系鞋带。

5. 在合适的搭配之间连线

适应	脸
参加	苦
红着	怀里
系	武术队
吃	竞争环境
靠在	眼泪
流下	鞋带

（连线：适应—竞争环境；参加—武术队；红着—脸；系—鞋带；吃—苦；靠在—怀里；流下—眼泪）

24-6 6. 选词填空

心硬　吃苦　闲工夫　蒙　假装　替

（1）在超市付钱时，发现钱包不见了，我都（ 蒙 ）了。

（2）不知道就是不知道，别（ 假装 ）什么都知道。

（3）我们公司招聘员工，条件是要能（ 吃苦 ）。

（4）上班的时候天天忙，退休后才有了（ 闲工夫 ）。

要求

1. 请先独立填写答案；
2. 填好后同学之间可以讨论；
3. 最后听录音。

（5）孩子（ 假装 ）不会系鞋带，就是想让父母抱一下。

（6）要是有（ 闲工夫 ），我就去旅游。

（7）我要去机场接人，上不了课，你能（ 替 ）我请假吗？

（8）让孩子学武术，当家长的就得（ 心硬 ），你的心一软，他就学不成了。

（9）他不能（ 吃苦 ），结果什么也没学会。

三 语言能力检测

24-7 听对话，选择正确答案

1. 男：朋友过生日，请我去参加生日聚会。我这人最怕买礼物了，不是怕花钱，而是不知道买什么好。

   女：买礼物不是件容易的事，不是花了钱就能让人满意的。我是根据朋友的性格或者爱好决定买什么，有些礼物花钱不多，可是朋友特别喜欢，会一直留着。

   问：根据对话，下面哪项正确？（ C ）

   A. 男的不愿意花钱买礼物　　B. 花钱多的礼物一定是好礼物

   C. 女的根据朋友的性格或爱好买礼物　　D. 女的建议男的不要买贵的礼物

2. 女：很多父母受不了孩子犯错误，孩子一犯错误，父母就紧张，马上要把这个错误纠正过来。

   男：其实人们都是在错误里学习的，父母应该给孩子一些时间，让孩子自己在错误中反思、成长，要不然孩子不知道这个错误对自己到底有什么不好，下次，他还可能犯一样的错误。

   问：根据对话，下面哪句话不是他们的观点？（ D ）

   A. 孩子犯错父母会紧张　　B. 人们可以在错误中学习

   C. 孩子犯错误没关系　　D. 父母应该帮孩子不犯错误

25 心态和行为

畅所欲言

1. 想一想“胆大”和“胆小”是什么关系，仿照规则，把下列词语填到合适的地方。

危险　失败　宽　深　快

胆大	胆小	窄	宽
成功	失败	安全	危险
浅	深	慢	快

课　文

一位心理学家想知道人的心态对行为到底会产生什么样的影响。于是他做了一个实验。

首先，他让十个人穿过一间黑暗的房子，在他的引导下，这十个人都成功地穿了过去。

然后，心理学家打开房内的一盏灯。在昏黄的灯光下，这些人看清了房子里的样子，都吓出一身冷汗。这间房子的“地面”是一个大水池，水池里有十几条大鳄鱼，水池上面有一座窄窄的小木桥，刚才他们就是从小木桥上走过去的。

心理学家问：“现在，还有谁愿意再次穿过这间房子呢？”没有人回答。过了很久，有三个胆大的站了出来。其中一个小心翼翼地走了过去，速度比第一次慢了许多；另一个颤巍巍地走上小木桥，走到一半时，竟趴在小桥上爬了过去；第三个刚走几步就一下子趴到了桥上，再也不敢向前移动半步。

之后，心理学家又打开房内的另外九盏灯，灯光把房子照得好像白天一样。这时，人们看见小木桥下有一张安全网，由于网的颜色太浅，他们刚才根本没有看见。“现在，谁愿意通过这座小桥呢？”心理学家问道。这次又有五个人站了出来。“你们为什么不愿意呢？”心理学家问剩下的两个人。“这张安全网结实吗？”这两个人一起问道。

（根据蒋骁飞同名文章改写）

练 习

一 字义与词义

1. 请仔细品味字义与词义的关系，并完成练习

（1）“引导”的“导”还可以组成其他词语，比如“领导、导游、导演、指导”，试着理解每个词语的意思，并选词填空。

① 张艺谋是中国有名的（ 导演 ），你看过他导演的电影吗？

② 老师应该用合适的问题（ 引导 ）学生深入思考。

③（ 导游 ）这个工作很辛苦，有的人一个月要去二十多次长城。

（2）“穿过”的“过”也可以组成其他词语，比如“经过、通过、度过、路过”，试着理解每个词语的意思，并选词填空。

① 我在中国（ 度过 ）了二十岁生日。

②（ 穿过 ）操场，就能看到中央花园。

③（ 经过 ）半年的学习，我（ 通过 ）了 HSK 三级。

25-2 **2. 请仔细听录音，找出每组句子有什么共同的地方**

第一组：① 到底哪个对哪个错，实在很难判断。

② 你到底去不去？

③ 这到底是怎么回事？

（课文例句：一位心理学家想知道人的心态对行为到底会产生什么样的影响。）

第二组：① 他开车穿过市中心，来到了一家商店。

② 在警察的帮助下，小学生们顺利地穿过马路，到达了学校。

③ 我们一起穿过市场，找到了老人。

（课文例句：他让十个人穿过一间黑暗的房子，在他的引导下，这十个人都成功地穿了过去。）

第三组：①他跑了两公里，出了一身汗。
②听到这个消息，他吓出了冷汗。
③面试的时候，他紧张得出了一身汗。
（课文例句：在昏黄的灯光下，这些人看清了房子里的样子，都吓出一身冷汗。）

第四组：①他胆大心细，这件事就交给他吧。
②胆大的人敢一个人去，胆小的不敢。
③他从小就胆大，什么都不怕。
（课文例句：过了很久，有三个胆大的站了出来。）

第五组：①请放心，这样的情况再也不会发生了。
②我再也不相信他的话了。
③他再也不想去那个饭馆了。
（课文例句：第三个刚走几步就一下子趴到了桥上，再也不敢向前移动半步。）

第六组：①她从小长得就结实，力气也比一般女孩子要大得多。
②这座桥已经有几百年的历史了，直到今天还车来人往的，非常结实。
③这个袋子不结实，再拿一个新的吧。
（课文例句：这张安全网结实吗？）

二 听解课文

25-4 **2. 再听全文，根据课文内容判断正误**

（1）人的心态对行为会有影响。（√）
（2）房子里很暗，所有的人都没有穿过去。（×）
（3）房子里一共有十盏灯。（√）
（4）十个人开始穿过房子时，都不知道脚底下有鳄鱼。（√）
（5）看见有安全网，人们都放心地走过去了。（×）
（6）打开一盏灯后，三个勇敢的人快速穿过了房间。（×）
（7）打开所有的灯后，人们都吓出了一身冷汗。（×）
（8）两个愿意走过去的人问："这网结实吗？"（×）
（9）十个成功穿过房间的人都是胆大的人。（×）
（10）鳄鱼被装在安全网里。（×）
（11）实际上，每个人都可以安全地穿过房间。（√）
（12）实际上，安全网并不结实。（×）

25-5 3. 三听全文

（1）根据课文内容选择正确答案。

① 打开一盏灯后，他们看见了什么？ （ A ）

A. 鳄鱼　　B. 安全网

C. 房子里所有的东西　　D. 什么也没有看见

② 十个穿过房子的人都是怎么走过去的？ （ C ）

A. 大胆地走过去的　　B. 小心地走过去的

C. 在引导下走过去的　　D. 爬过去的

③ 为什么开始十个人都成功地走过去了？ （ C ）

A. 屋子的灯亮了　　B. 他们看见了安全网

C. 他们不知道脚下有鳄鱼　　D. 他们很勇敢

④ 打开一盏灯后，穿过房间的有几个人？ （ D ）

A. 十个人　　B. 三个人

C. 五个人　　D. 两个人

⑤ 看见鳄鱼还愿意走过房间的是什么人？ （ C ）

A. 胆小的人　　B. 不怕鳄鱼的人

C. 胆大的人　　D. 相信安全网的人

⑥ 最后为什么还有两个人不愿意穿过房间？ （ B ）

A. 他们没有看见安全网　　B. 他们担心安全网不结实

C. 他们觉得房间不够亮　　D. 他们担心小木桥不结实

（2）根据课文内容填表。

实验次序	穿过房间的人数	房间里的情况
第一次	十个	没开灯
第二次	两个	打开一盏灯
第三次	—	打开所有的灯

25-6 4. 边听录音边填空

（1）这些人看清了房子里的样子，都吓出（ 一身冷汗 ）。

（2）其中一个（ 小心翼翼 ）地走了过去，速度比第一次慢了许多；另一个颤巍巍地走上小木桥，走到一半时，竟趴在小桥上（ 爬 ）了过去；第三个刚走几步就一下子（ 趴 ）到了桥上，再也不敢向前移动半步。

（3）心理学家又打开房内的（ 另外 ）九盏灯，灯光把房子照得好像白天一样。

5. 在合适的搭配之间连线

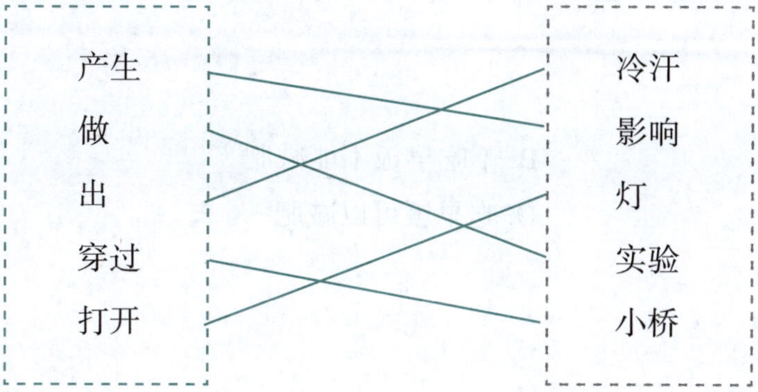

25-7 **7. 选词填空**

到底　穿过　出汗　胆小　再也不　结实

（1）电影和电视（ 到底 ）有什么不同？

（2）（ 穿过 ）那条街就到银行了。

（3）他（ 出 ）的（ 汗 ）把衣服都湿透了。

（4）胆大的人都（ 穿过 ）了这间黑屋子。

（5）你一定要抓住机会，（ 再也不 ）要错过了。

（6）他每天锻炼，身体非常（ 结实 ）。

（7）她是个（ 胆小 ）的小姑娘，看见肉虫子就害怕。

（8）人们都有了手机，（ 再也不 ）用排队打公用电话了。

（9）这个箱子不（ 结实 ），用了一次就坏了。

（10）他买了电子词典，（ 再也不 ）怕有字不会写了。

要求

1. 请先独立填写答案；
2. 填好后同学之间可以讨论；
3. 最后听录音。

三 语言能力检测

25-8 **听对话，选择正确答案**

1. 男：学习压力太大了，我真想早点儿毕业，早点儿工作。

女：等你工作就知道了，工作的压力才大呢，还是当学生轻松。

问：根据对话，下面哪项正确？（ D ）

A. 男的学习成绩不好　　　　B. 女的觉得男的很轻松

C. 男的快要毕业了　　　　D. 女的觉得工作比学习压力大

2. 女：我朋友每天不吃早饭，说这样能减肥。

男：你可千万别信。你想啊，早晨不吃饭，到了中午肯定特别饿，吃的东西一定非常多，只会让人更胖。

问：男的是什么意思？　（ B ）

A. 告诉女的不要减肥　　　　B. 不吃早饭不能减肥

C. 吃午饭会让人更胖　　　　D. 吃早饭可以减肥

26 狗的昨天和今天

课 文

我一直不喜欢狗，对狗的第一次记忆是在农村，那狗是黑色的，有一米多高，样子很厉害。那时农村养狗的人家很多，大部分是为了看家。一次，我刚靠近亲戚家的大门，那狗就拦在门口，做出一副要咬我的样子。那时的我还很小，被狗凶恶的样子吓坏了，转身就跑，张嘴就哭，后来主人出来喊了几句，那狗就变得乖乖的了。后来，我懂得了“狗仗人势”这个成语，觉得狗确实是这样的。所以，我一直不喜欢狗，一见到它们就躲得远远的。

可是最近这几年，我发现农村的狗越来越少，城里的狗却越来越多了。不同的是城市里的狗没有了以前的威风，既不高大，也不凶恶，都是一脸讨好的神情，在主人的脚下滚来滚去。今天的狗厉害不起来了，日子却过得比以前好了不知多少倍。

在超市里，各种为狗准备的服装、鞋帽、不同口味的食物应有尽有。总之，人有什么，狗就有什么，甚至人还没有的狗也有了。看着狗的消费水平，我真有些羡慕。但是我总觉得现在的狗还不如当初把我吓哭了的那只狗呢。可是有人告诉我，宠物事业的发展也有好处，因为狗的日子过好了，狗身上的商机就多了，宠物服装、宠物玩具、宠物医院、宠物美容、宠物照相馆，甚至有专门的地方来培养和宠物有关系的人才。

天啊，我们人到底是怎么了？

练 习

一 字义与词义

1. 请仔细品味字义与词义的关系，并完成练习

（1）“商机”的“商”还可以组成其他词语，比如“商人、商品、经商”，试着理解每个词语的意思，并选词填空。

① 很多人在宠物身上发现了（ 商机 ），比如宠物医院、宠物商店，都特别赚钱。

② 他是一个（ 商人 ），除了经商，对什么都没兴趣。

③ 已售（ 商品 ），七天内可以无理由退货。

（2）“靠近”的“近”也可以组成其他词语，比如“附近、最近、远近、近处”，试着理解每个词语的意思，并选词填空。

① 学校（ 附近 ）有两个地铁站，离学校的距离差不多。

② 我害怕狗，从来不敢（ 靠近 ）它们。

③（ 最近 ）你都去哪儿玩儿了？

26-2 **2. 请仔细听录音，找出每组句子有什么共同的地方**

第一组：① 我去卫生间，你帮我看一下包。

② 上班的年轻人只能请父母帮他们看孩子。

③ 农村的狗都是看家的。

（课文例句：那时农村养狗的人家很多，大部分是为了看家。）

第二组：① 看来看去都是广告，没什么好节目。

② 他想来想去，决定去北京打工。

③ 这里吃来吃去就这几种菜，我们换个地方吃饭吧。

（课文例句：城市里的狗没有了以前的威风，既不高大，也不凶恶，都是一脸讨好的神情，在主人的脚下滚来滚去。）

第三组：① 现在的生活比过去好了不知多少倍。

② 过了不知多少个日日夜夜，那件让她伤心的事才慢慢地被淡忘了。

③ 我说了不知多少遍了，你怎么还记不住？

（课文例句：今天的狗厉害不起来了，日子却过得比以前好了不知多少倍。）

第四组：① 你喜欢什么口味的冰激凌？

② 这个菜不合我的口味。

③ 我们饭店什么口味的菜都能做。

（课文例句：在超市里，各种为狗准备的服装、鞋帽、不同口味的食物应有尽有。）

第五组：① 这个学校培养了很多人才。

② 培养一个大学生要花多少钱？

③ 他唱歌唱得不错，父母决定在音乐方面重点培养他。

（课文例句：狗的日子过好了，狗身上的商机就多了，宠物服装、宠物玩具、宠物医院、宠物美容、宠物照相馆，甚至有专门的地方来培养和宠物有关系的人才。）

二 听解课文

26-3 **1. 初听全文，判断课文里说到了哪些内容，在括号里画“√”**

（1）养狗的好处 （ ） （2）养狗的麻烦 （ ）

（3）过去农村的狗 （√） （4）现在农村的狗 （ ）

（5）过去城市的狗 （ ） （6）现在城市的狗 （√）

（7）狗的生活变化 （√）

26-4 **2. 再听全文**

（1）根据课文内容判断正误。

① 小时候，“我”的家在农村。 （×）

②“我”被亲戚家的狗咬过，所以害怕狗。 （×）

③ 城里的狗不如农村的狗厉害。 （√）

④ 现在农村的狗比城里的狗多。 （×）

⑤ 狗厉害不起来了，人的日子就好过了。 （×）

⑥ 在城里，有狗可以买东西的超市。 （×）

⑦ 狗的消费水平比人还高。 （×）

⑧ 现在有专门培养与宠物有关系的人才的地方。 （√）

（2）根据课文内容选择。

A. 农村狗的特点　　B. 城市狗的特点

① 看家 （A） ② 讨好主人 （B）

③ 高大、凶恶 （A） ④ 威风 （A）

⑤ 温和 （B） ⑥ 生活好 （B）

⑦ 病了可以上医院 （B） ⑧ 有衣服穿 （B）

26-5 **3. 三听全文，根据课文内容选择正确答案**

（1）以前农村养狗是为了干什么？ （B）

A. 做宠物　　B. 看家

C. 创造商机　　D. 咬人

（2）“狗仗人势”是什么意思？ （D）

A. 狗听主人的话　　B. 狗看到主人就很乖

C. 狗看到外人就咬　　D. 狗仗着主人要威风

（3）作者为什么从不与狗亲近？ （C）

A. 讨厌狗的狗仗人势　　B. 不喜欢狗太乖

C. 从小就怕狗　　D. 狗的生活水平太高了

（4）作者认为如今城市的狗是什么样的？ （ C ）

A. 越来越威风　　B. 越来越厉害

C. 日子越来越好　　D. 又高大，又凶猛

（5）作者认为超市里狗的用品有什么特点？ （ A ）

A. 应该有的全有了　　B. 不够丰富

C. 设计得非常好　　D. 价格很贵

（6）比较起来，作者更喜欢什么样的狗？ （ A ）

A. 认真看家的狗　　B. 讨好人的狗

C. 不凶恶的狗　　D. 咬人的狗

26-6 **4. 边听录音边填空，然后回答问题**

（1）我被狗的凶恶吓坏了，（ 转身 ）就跑，（ 张嘴 ）就哭。

问：你填的是什么词？请你做出这两个动作。

（2）主人出来喊了几句，那狗就变得（ 乖乖 ）的了。

问：主人可能喊了什么？狗有什么变化？

（3）最近几年，我发现（ 农村 ）的狗越来越少，（ 城里 ）的狗却越来越多了。

问："我"发现了什么变化？这个变化说明了什么？

（4）人有什么狗就有什么，（ 甚至 ）人还没有的狗也有了。

问：你觉得什么东西人可以有，而狗不应该有，请举例说明。作者对狗有这么多东西是什么态度？

（5）天啊，我们人（ 到底 ）是怎么了？

问：这是一个什么问题？你能回答这个问题吗？

26-7 **7. 选词填空**

看　口味　V来V去　培养　不知多少

（1）看着小鱼在水里（ 游来游去 ），真羡慕啊！

（2）父母把孩子（ 培养 ）成人才，自己也老了。

（3）这个故事我已经听了（ 不知多少 ）遍了。

（4）小狗一出门，就在院子里（ 跑来跑去 ）。

（5）他在一个公司（ 看 ）大门。

（6）他换了（ 不知多少 ）个工作，就是没有满意的。

（7）年轻的父母都要上班，只好请他们的父母帮他们（ 看 ）孩子。

（8）你喜欢什么（ 口味 ）的冰激凌？

要求

1. 请先独立填写答案；
2. 填好后同学之间可以讨论；
3. 最后听录音。

三 语言能力检测

26-8 听对话，选择正确答案

1. 男：有人说中国的老人一般都会帮自己的儿女看孩子，西方国家的老人都养宠物，比如猫啊、狗啊什么的。

   女：我觉得每个国家、每个家庭都不一样，不过我认识的中国朋友，他们的孩子真的都是家里的老人帮着带大的。

   问：他们讨论的主要是什么问题？（ B ）

   A. 怎么养宠物　　B. 不同国家老人的生活

   C. 怎么带孩子　　D. 不同国家孩子的成长

2. 女：家里养狗是不是特别麻烦啊？要买专门的狗粮，每天带出去散步，病了还要去宠物医院。听说，宠物看病比人还贵。

   男：麻烦是麻烦，可是不养狗，你也体会不到那种快乐啊！狗狗从来不让我生气，这点儿就比我儿子强。

   问：男的是什么意思？（ A ）

   A. 养狗让他很快乐　　B. 养狗一点儿也不麻烦

   C. 他儿子养的狗很名贵　　D. 他想送女的一只狗

27 去哪里玩儿

课文

①

王敏：小林，你不是打算“十一”出去旅行吗？是参加旅行团还是自由行？

小林：听说“十一”火车票、机票都不好买，我想还是参加旅行团比较方便。我同学给了我一张旅行社的广告，有的地方我看不懂，正想问问你呢。

王敏：我看看，哦，是去内蒙古的，还有去云南的，你都没去过吗？

小林：来中国半年了，我还没离开过北京呢。你看，广告上写的“双卧”是什么意思？

王敏：“卧”就是“卧铺”，“双卧”就是“来回卧铺”。

小林：哦，那“双飞”就是“来回都坐飞机”吧？你看，这个去云南的是双飞，去内蒙古的是双卧。你觉得这个价格贵不贵？

王敏：内蒙古双卧四日游，这个价格我觉得还可以。你看，还住蒙古包呢，还能骑马。

小林：蒙古包就是蒙古族人住的房子吧？我就在电视上看过。

王敏：对，不过骑马是自费项目，每小时两百块。

小林：倒是不贵。你再帮我看看这个去云南的。双飞七天，时间有点儿长。

王敏：这个要去三个地方呢，大理、昆明、丽江，每个地方都得玩儿个两三天，所以一共七天，到时候你肯定会觉得时间过得特别快。

②

小林：“豪华团”是什么意思？

王敏：就是住得、吃得都比一般的要好。你看，这个豪华团住的都是四星级宾馆，普通团很可能住三星的或者两星的。

小林：住得怎么样倒是无所谓，只要干净就好，这两个团差一千块钱呢。

王敏：那就别参加豪华团了，参加普通团吧。

小林：这个“团餐”是什么？跟吃的有关系吧？

王敏：对呀，“团”就是“旅行团”，“餐”不就是“饭”嘛。你看这儿写着“八菜一汤的团餐”，就是说午饭和晚饭都是八个菜一个汤。

小林：哇，好丰富啊，我在学校食堂，每顿饭就吃一个菜。

王敏：团餐不一定比学校食堂的好吃，你想啊，旅行社得控制成本，要是八个菜都做得跟饭店似的那么好吃，得花多少钱啊。

小林：哎，如果有五六个人一起报名，能不能打折？我的几个同学也想去旅行，我可以劝他们跟我一起去云南。

王敏：广告上没说，不过你可以问问，这儿有一个电话，66667878。

小林：好，我这就打电话问问。

（作者：傅由）

练 习

一 字义与词义

1. 请仔细品味字义与词义的关系，并完成练习

（1）“团餐”的“餐”还可以组成其他词语，比如“早餐、午餐、晚餐、聚餐、餐厅、中餐、快餐、自助餐”，试着理解每个词语的意思，并选词填空。

① 学校（ 餐厅 ）在装修，咱们去外边吃个（ 快餐 ）吧，麦当劳就行。

② 旅行团今天安排的（ 团餐 ）只有早晨和晚上的，（ 午餐 ）自理。

③ 快过新年了，公司要组织（ 聚餐 ），哪个饭馆好，大家可以推荐一下。

（2）“旅行”的“旅”也可以组成其他词语，比如“旅途、旅客、旅馆、旅费”，试着理解每个词语的意思，并选词填空。

① 我最大的愿望是在全世界（ 旅行 ）。

② 各位（ 旅客 ），请您出示护照或身份证。

③ 咱们找一个条件好点儿的（ 旅馆 ）住吧，这个看上去不太干净。

27-2 **2. 请仔细听录音，找出每组句子有什么共同的地方**

第一组：① 你不是说回国吗？怎么还没走？

② 你不是在这儿待过两年吗？应该对这儿很熟悉啊。

③ 这个公园不是免费的吗？怎么又收费了？

（课文例句：你不是打算“十一”出去旅行吗？）

第二组：① 我还是租房住吧，这样便宜一点儿。

② 你还是买一辆自行车吧，又能锻炼身体，又方便。

③ 我还是回去吧，现在还能坐上公共汽车。

（课文例句：听说“十一”火车票、机票都不好买，我想还是参加旅行团比较方便。）

第三组：① 这次旅行有很多自费项目，你参加吗？

② 你是自费生还是公费生？

③ 他利用假期，自费去中国旅行了一个月。

（课文例句：骑马是自费项目，每小时两百块。）

第四组：① 吃什么我无所谓，住的地方干净就行了。

② 你愿意去，我很高兴；不愿意去，我也无所谓。

③ 学校大小无所谓，关键是能不能学到东西。

（课文例句：住得怎么样倒是无所谓，只要干净就好。）

第五组：① 他做饭可好吃了，跟饭店做的似的。

② 这是真的吗？跟做梦似的。

③ 在那儿买东西，跟在自由市场似的，也能讨价还价。

（课文例句：要是八个菜都做得跟饭店似的那么好吃，得花多少钱啊。）

二 听解课文

27-4 2. 听课文第一部分

（1）根据课文内容判断正误。

① 住蒙古包是自费项目。（ × ）

② 小林觉得骑马的价格不算贵。（ √ ）

③ 去云南的旅行来回都坐飞机。（ √ ）

④ 去云南的旅行一共是七天。（ √ ）

⑤ 除了云南以外，还去昆明和大理。（ × ）

（2）根据课文内容，把下面的广告补充完整。

内蒙古

- 双卧，（ 四 ）日游
- 住：蒙古包
- （ 自费 ）项目：骑马，（ 两百 ）元 / 小时

27-5 3. 听课文第二部分

（1）根据课文内容选择正确答案。

①“豪华团”和“普通团”的区别不包括什么？（ D ）

A. 吃得怎么样　　B. 住什么宾馆

C. 价格是多少　　D. 人数多少

②“豪华团”多少钱？（ D ）

A. 500 元　　B. 3500 元

C. 1000 元　　D. 文中没说

③关于“团餐”，下面哪项正确？（ B ）

A. 每顿八菜一汤　　B. 旅行团的饭

C. 比饭馆的好吃　　D. 价格超级合算

④参加旅行团可以打折吗？（ D ）

A. 五个人以上打折　　B. 不能打折

C. 可以便宜五十块　　D. 广告上没说

⑤小林准备打电话问什么？（ A ）

A. 能不能打折　　B. 同学去不去

C. 能打几折　　D. 到底去哪儿

（2）把词语和它们的意思连起来。

打折	独自旅行
双飞	自己付钱
自由行	旅行团吃的饭
自费	去和回来都坐飞机
成本	比原价便宜
团餐	生产某个东西需要的费用

27-6 5. 选词填空

不是……吗　　还是　　无所谓　　自费　　跟……似的

（1）这个电影你（ 不是 ）已经看过两遍了（ 吗 ）？还没看够？

（2）只要有工作就行，钱多钱少（ 无所谓 ）。

（3）他急得（ 跟 ）热锅上的蚂蚁（ 似的 ）。

要求

1. 请先独立填写答案；
2. 填好后同学之间可以讨论；
3. 最后听录音。

（4）你（ 还是 ）自己去问吧，我怕我问不清楚。

（5）他走路不稳，（ 跟 ）喝了酒（ 似的 ）。

（6）（ 自费 ）出国留学的人越来越多了。

（7）他的生活就（ 跟 ）天天过年（ 似的 ）。

（8）你（ 不是 ）去年才买的手机（ 吗 ）？怎么又换了一个？

（9）你（ 还是 ）多去几家商店看看吧，说不定有优惠。

（10）大家都在抢购这种电脑，（ 跟 ）不要钱（ 似的 ）。

三 语言能力检测

27-7 听对话，选择正确答案

1. 女：听说你们全家去云南玩儿了，是自由行，是不是感觉特别好？

男：好就好，就是自己安排实在是太麻烦了，交通、酒店、门票什么的，都得自己提前做好准备。要是你不想操心，我劝你还是参加旅行团吧。

问：根据对话，下面哪项正确？ （ A ）

A. 男的觉得自由行很麻烦　　B. 女的不愿意提前做好准备

C. 女的想跟男的一起去云南　　D. 男的跟旅行团去的云南

2. 男：我看广告上说，五个人以上报名可以打八五折，我们正好有五个人。

女：不好意思，那是十二月到明年三月。现在是旅游旺季，旅游的人多，我们不打折，还涨了一百呢，不过如果您那里有五位报名，可以按原价，不涨价了。

问：根据对话，下面哪项正确？ （ C ）

A. 现在是新年　　B. 旅行的费用是一百块

C. 男的可以按原价报名　　D. 男的可以按八五折报名

28 为什么我的听力进步不大

课文

女$_1$：这学期快结束了，你们的汉语进步大不大啊？

男：我觉得口语进步挺大的，可是中国人说话，我还是有很多都听不懂。

女$_2$：我上课都听得懂，可是一出去就听不懂，这是怎么回事啊？

女$_1$：这个问题问得好。你们想一想，上课听的录音跟你们去外边听到的中国人说话有什么不一样？

男：录音里的话特别清楚，发音非常标准。

女$_2$：用的词都不难，而且我们上课时都会先学词语，学完了再听录音。

男：录音说话不快，可是好多中国人说话特别快。

女$_2$：录音每句话都是对的，没有错的，也没有人说“嗯、啊、这个、那个”什么的。

男：顺序也不一样，比如我朋友会说“怎么了你”“吃什么呀今天”“去不去了还”，课文里没有这样的句子。

女$_2$：还有就是，在外边听中国人说话，如果听不懂，我都可以问他，可是上课听录音，我们只能听，没法问。

女$_1$：你们分析得都不错。光靠上课学习听力，肯定不够，还是要多跟中国人聊天儿。

男：我的中国朋友跟我在一起，刚说两句就开始用英语聊了，根本练不了汉语。再说，好像也没有那么多时间聊天儿。

女$_1$：还有一个方法就是刷剧。

男：什么是“刷剧”？

女$_1$：你再听一遍我说这个词——“刷剧”，从发音看，你觉得可能是哪两个字？

女$_2$：“刷”是“刷卡”的“刷”吗？

女$_1$：嗯，猜对了。除了刷卡，还有刷什么？

男：刷手机、刷碗。

女$_2$：还有刷脸，现在你愿意的话，学校食堂可以刷脸买饭了。

女$_1$：好了，说得有点儿远了，咱们再回到刚才的地方。“刷剧”的“剧”说的是电视剧。我以前练习英语听力，刷了好多美剧和英剧。

男：美剧就是美国电视剧？

女$_2$：英剧是英国电视剧？

女$_1$：对，猜得不错。你们看，没学过的词，根据发音和前边说的话，也能猜出来它的意思。

男：老师，您知道有什么好看的中国电视剧吗？

女$_1$：你们可以看看观众给电视剧的评分，如果是八分以上的，肯定不错。如果觉得电视剧太长，也可以看短一点儿的电视片，比如《早餐中国》，一集才五六分钟，介绍中国各个地方的早餐。

女$_2$：啊，我看过《早餐中国》里的“新疆烤包子”！

女$_1$：这个我也看了，正想介绍给你们呢。这集说的是新疆一家人做烤包子，特别受欢迎，一天能卖出去五千个！不过他们的普通话不那么标准，有时候还有点儿小错误。

男：那我们能看懂吗？

女$_2$：能，有字幕。

女$_1$：留个作业吧。今天回去看《早餐中国》的“新疆烤包子”，下次上课你们来说一下包子是怎么做的，多少钱一个，为什么好吃，还有，电视片里的那家人普通话的语法有什么错误。

（作者：傅由）

练　习

一 字义与词义

1. 请仔细品味字义与词义的关系，并完成练习

（1）“刷卡”的“刷”可以组成很多词语，比如“刷脸、刷剧、刷屏、刷题”，试着理解每个词语的意思，并选词填空。

① 这件事发生以后，朋友圈都（ 刷屏 ）了，电视台也做了报道。

② 练习英语听力的一个方法就是（ 刷剧 ），也就是多看英语电视剧。

③ 准备高考的学生每天都要不停地（ 刷题 ）。

④ 现在一些大学需要（ 刷脸 ）才能进去。

（2）“电视”的“电”也可以组成很多词语，比如“电话、电影、电脑、电梯、电冰箱、电饭锅”，试着理解每个词语的意思，并选词填空。

① 能走楼梯就不要坐（ 电梯 ），这也是一种锻炼。

② 现在差不多人人都有手机，家里都不用装（ 电话 ）了。

③ 我刚买了一个（ 电饭锅 ），做米饭只要十分钟。

28-2 **2. 请仔细听录音，找出每组句子有什么共同的地方**

第一组：① 在中国待了半年，我的听力进步特别大。

② 家长应该看到孩子的进步，而不是老看他们的缺点。

③ 社会在进步，你的思想也应该跟着进步啊。

（课文例句：你们的汉语进步大不大啊？）

第二组：① 他能说一口标准的普通话。

② 他的发音非常标准，我听不出来他是外国人。

③ 好工作的标准是什么？大家的答案都不一样。

（课文例句：录音里的话特别清楚，发音非常标准。）

第三组：① 他靠自己的努力找到了工作。

② 全家人都靠他的工资生活。

③ 他靠打工读完了大学。

（课文例句：光靠上课学习听力，肯定不够。）

第四组：① 你还是自己跟老师请假吧，微信跟老师说就可以。

② 我还是走吧，实在太晚了。

③ 你还是早点儿准备吧，不要到考试的时候再着急。

（课文例句：光靠上课学习听力，肯定不够，还是要多跟中国人聊天儿。）

第五组：① 从价格上看，网店比实体商店便宜一点儿。

② 从速度看，你比我快了一分钟。

③ 从你们的考试成绩上看，大家进步都很大。

（课文例句：你再听一遍我说这个词——“刷剧”，从发音看，你觉得可能是哪两个字？）

二 听解课文

1. 先看问题，然后听老师读一遍课文，听后回答问题

（1）他们讨论了什么？ （ B ）

A. 为什么上课听不懂　B. 为什么听力进步不大　C. 中国人说话为什么那么快

28-3 **2. 再听全文，然后根据课文内容和你的感受回答问题**

上听力课和在外边听中国人说话有哪些不一样？

项目	课内	课外
发音	标准	不一定标准
词语	不难。先学词语，再听录音	不能先学习
速度	不快	特别快
顺序	标准	和上课学的不一样
听不懂的时候	听的时候不能问	可以问

28-4 **3. 三听全文**

（1）根据课文内容判断正误。

① 学了一个学期汉语，同学们的口语和听力都有很大进步。 （ × ）

② 有的同学上听力课听得懂，可是出去就听不懂了。 （ √ ）

③ 第一语言不是汉语的人，说话的顺序都不对。 （ × ）

④ 老师觉得，跟中国人聊天儿比上听力课更重要。 （ × ）

⑤ 看中国电视剧是练习听力的好方法。 （ √ ）

⑥ 老师没有翻译“刷剧”的意思，但是大家也懂了。 （ √ ）

⑦ 只有普通话标准的电视剧才适合练习听力。 （ × ）

⑧《早餐中国》是一个教你怎么做中国菜的电视片。 （ × ）

（2）根据课文内容选择正确答案。

①“怎么了你”“吃什么呀今天”“去不去了还”这几个句子有什么共同的地方？ （ C ）

A. 说得太快　B. 录音里经常有

C. 顺序不对　D. 很多人这么说

② 课文提到的练习听力的方法不包括哪个？ （ D ）

A. 上听力课　B. 跟中国人聊天儿

C. 看汉语电视剧　D. 学做中国菜

③ 老师认为什么样的电视剧适合练习听力？（ B ）

A. 时间长的 B. 评分高的

C. 有字幕的 D. 普通话标准的

④ 老师为什么给学生介绍“新疆烤包子”？（ A ）

A. 想让他们练习听力 B. 想让他们练习语法

C. 想让他们学习做饭 D. 想让他们尝尝

28-5 6. 选词填空

进步 标准 靠 顺序 刷（卡 / 剧 / 脸） 还是

（1）这个问题没有（ 标准 ）答案。

（2）请按（ 顺序 ）上下车。

（3）咱们（ 还是 ）坐地铁吧，肯定不会堵车。

（4）坐公交车时，上车、下车都要（ 刷卡 ）。

（5）经过一年的努力，他的汉语（ 进步 ）非常大。

（6）大学四年，他一直（ 靠 ）打工挣学费。

（7）他每次小小的（ 进步 ）都会得到父母的表扬。

（8）我的汉语发音还不够（ 标准 ），您能听懂吗？

（9）食堂现在（ 刷脸 ）就可以买饭，都不用带饭卡了。

要求

1. 请先独立填写答案；
2. 填好后同学之间可以讨论；
3. 最后听录音。

三 语言能力检测

28-6 听对话，选择正确答案

1. 男：为什么我觉得中国人说话都特别快呢？

女：那是因为你的汉语还不够好，听到一句话，要用比较长的时间来理解，就觉得是别人说得太快了。等你汉语足够好了，就不会这么觉得了。

问：女的是什么意思？（ B ）

A. 中国人说话就是快 B. 理解得慢，就会觉得别人说话快

C. 汉语好的人说话快 D. 说话快，别人就需要更长时间理解

2. 女：我经常刷美剧，可是英语听力还是没有进步，这是怎么回事啊？

男：那是因为有中文字幕，你看懂了美剧的意思，却没有听懂他们说的英语。

问：男的是什么意思？（ C ）

A. 看美剧不会提高听力水平 B. 要多看几遍才能有进步

C. 看中文字幕对听力没有帮助 D. 美剧中的英语很难理解